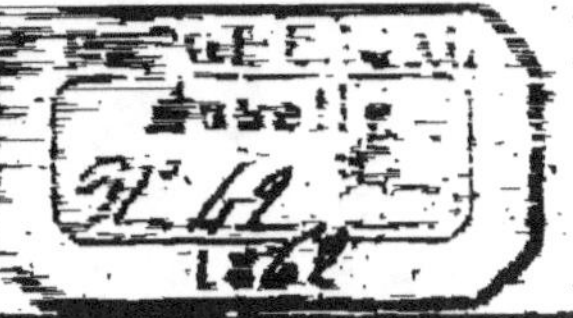

LES CANONS RAYÉS

ET

LES PLACES FORTES

LA FORTIFICATION ALLEMANDE

ET

LA FORTIFICATION FRANÇAISE

PAR

E... D... N...

Membre de la Légion-d'Honneur.

METZ

IMPRIMERIE DE ... VEUVE ...

1862

LES

CANONS RAYÉS

ET LES

PLACES FORTES.

Metz. — Imprimerie J. MAYER.

1862.

AVERTISSEMENT

Composés presque immédiatement après l'apparition des *canons rayés* sur la scène de la guerre, et comme simple sujet d'étude, — dans le but d'examiner une nouvelle face de la fortification résultant de la présence de ces armes, et de répondre à de vagues inquiétudes causées par celles-ci dans une certaine population, — ces entretiens, tout aussitôt mis de côté que conçus, avaient été rejoindre d'autres essais de nature analogue non destinés à voir le jour.

Mais le hasard d'une conversation sur les matières qui en font l'objet m'ayant fourni l'occasion de communiquer cette ébauche à un mien ami, celui-ci, après en avoir pris connaissance, m'engagea instamment à la livrer à la publicité.

Cédant ainsi volontiers à ses conseils, — les questions qu'elle aborde conservant encore intacte toute leur actualité, — je la proposai alors à la rédaction d'un journal de notre ville (l'*Indépendant de la Moselle*), qui voulut bien lui accorder l'honneur de l'hospitalité dans ses colonnes.

Or, le moindre inconvénient inséparable d'un tel mode de publication, — pour toute œuvre principalement où l'imagination ne joue qu'un rôle entièrement négatif, — est, comme chacun en a pu faire maintes fois l'expérience, en apportant à la fois du décousu dans le récit, d'en détruire infailliblement l'ensemble et l'harmonie.

Néanmoins, l'intérêt que ces feuilles ont paru inspirer à certaines personnes, et le désir que quelques-unes de celles-ci m'ont témoigné d'en prendre de nouveau communication à l'abri de ces interruptions incessantes inhérentes aux articles d'un journal, m'ont décidé à les réunir en faisceau pour en former cet opuscule, afin de pouvoir l'offrir à ceux des lecteurs dont j'ambitionne le plus le suffrage.

C'est à ce titre, aujourd'hui, qu'en le leur adressant, je les prie d'en agréer l'humble et modeste hommage.

E.....D....N.

LES CANONS RAYÉS

ET

LES PLACES FORTES.

◆━━━━◦●◉●◦━━━━◆

Quelle peut être l'influence des CANONS RAYÉS *sur les fortifications ?*
Faut-il encore des PLACES FORTES *? Leur utilité ?..*,
De la FORTIFICATION ALLEMANDE, *ou de la* FORTIFICATION FRANÇAISE,
quel est le système préférable ?

QUESTIONS ADRESSÉES PAR UN BOURGEOIS D'UNE VILLE
DE GUERRE A UN JEUNE OFFICIER D'UNE ARME SPÉCIALE.

« Les forteresses sont les armes défensives des puissances
» Comme les boucliers le sont des nations.

CARNOT.

I.

Circonstances qui motivent cet entretien.

Le bourgeois. — Mon jeune ami, combien va vous paraître
extraordinaire et bizarre la proposition que je vais vous adresser !
Quelle ne sera point votre surprise, quand vous allez apprendre
qu'un individu totalement étranger par sa position, son caractère,
ses habitudes, ses allures même, si vous le voulez, aux choses de
la guerre.... qu'un bon béotien, ou, — pour parler votre langage, —
un malheureux *pékin*, vient vous présenter ici une requête ne ten-
dant modestement qu'à vous livrer avec lui à quelques entretiens....
sur quel sujet ?... sur des matières du ressort seul de *l'art mili-*
taire !!...

Vous restez stupéfait.... mais je vous en avais prévenu d'avance.... j'avais prévu tout ce que devait vous susciter de pensées cette étrange proposition.... et, certes, je m'y attends, vous n'allez pas manquer, pour le moins, de me traiter de tête creuse.... de vieux radoteur.... de visionnaire.... et de me prodiguer toutes les gracieuses qualifications à l'avenant.... Aussi, pour sauvegarder un peu plus mon amour-propre, et vous épargner, quant à vous, des réflexions plus ou moins fâcheuses à mon endroit, je vais vous expliquer tout de suite, à quelle occasion, et pour quel motif, je me décide à vous exposer cette demande.

Celle-ci, après tout, — pour nous tenir plus complètement dans le vrai, — ne devrait point, peut-être, à la rigueur, se produire comme mienne seulement, mais bien plutôt comme collective, les pensées, les désirs, les faits qu'elle exprime étant communs à un grand nombre de nos compatriotes.

Quoiqu'il en soit, voyons donc son objet.

Vous savez, mon cher ami, que, confinés dans un des départements de l'extrême frontière, — et celle encore où le plus souvent a retenti le bruit des armes ennemies!., — nous habitons, malheureusement, une de ces places fortes, boulevards de cette région.

Je dis malheureusement.... et, n'allez pas croire, en grâce, que ce vieil esprit guerrier, apanage de la contrée, n'y soit plus aujourd'hui aussi vivace, aussi fervent que par le passé !... Au milieu d'un courant électrique, un corps — du même principe — peut-il donc y perdre jamais aucune de ces propriétés ?... Mais, pour apprécier au juste le précédent aveu, — bien à regret arraché à ma franchise, — veuillez, un moment, je vous prie, me prêter ici toute votre attention.

Vous avez dû certainement reconnaître par vous-même que, dès le lendemain des glorieux événements de notre campagne d'Italie, il n'était plus question, en tous lieux, que de l'effet prodigieux produit par les nouvelles armes à feu, les fameux *canons rayés ?*... Maudits soient-ils.... allez !...

Si donc, de telles matières étaient l'objet constant de tous les entretiens, dans de chétifs hameaux, de petites bourgades, de simples villes ouvertes, et surtout dans ces résidences dont le sol n'est jamais foulé par aucune garnison, jugez quelle fougue, quel entrain, quelle ardeur l'on devait déployer à cet égard dans une ville de guerre, et particulièrement dans une place d'une importance de la nôtre, où, — pour brocher sur le tout, — se coudoient à chaque instant les deux armes spéciales par excellence : l'Artillerie et le Génie !

Sur ce chapitre, aussi, étaient-ce des conversations à perte de vue, de véritables feux-roulants sans interruption ! Et, en quelque endroit que vous vous transportiez : dans la chaumière comme dans les plus riches hôtels, sous le toit de l'artisan comme dans les salons ou les lieux publics, partout enfin le maudit canon rayé résonnait-il constamment à vos oreilles!...

Ce n'était point assez encore de ces célèbres bouches à feu de Magenta et de Solferino, il a fallu, en outre, y ajouter plus tard, le concert si gracieux de celles de nouvelle invention : de Whitworth et d'Armstrong, dont les journaux d'une nation voisine entonnaient chaque jour et tour à tour les pompeux éloges !!...

S'il ne se fût agi seulement que de la monotonie du sujet, passe encore ! Ce n'eût été là qu'une bagatelle dont on eût pris volontiers son parti, qui de nous n'étant soumis chaque jour à quelqu'une de ces tribulations humaines, de ces petites misères de la vie en commun ?... Mais... c'est le cortége de craintes qu'entraîne à sa suite cette fatidique question, le terrible avenir dont elle est grosse, qui la transformaient à nos yeux en véritable épée de Damoclès. Car, savez-vous bien ce qu'on allait partout répétant ?... Que: grâce à ces malheureux engins de destruction à qui rien ne peut résister, il n'est plus de murailles si solides, de places, — si formidablement construites qu'elles soient, — qui ne doivent crouler sous les coups infaillibles de ces diaboliques inventions !!...

Or, la conséquence, à notre égard, est facile à déduire; conséquence funeste qui frappe tous les esprits : c'est qu'au jour fatal d'une guerre avec nos voisins, placée en première ligne sur les pas de l'ennemi, notre ville ne sera plus pour lui que l'affaire d'une seule bouchée, et que celui-ci ne s'amusera plus, comme par le passé, à nous faire surveiller par un mince cordon de troupes, pendant que le gros de son armée continuera sa marche envahissante sur le centre du pays; préférant nous faire tomber tout d'un coup en son pouvoir et se ménager de la sorte, en arrière, un point certain d'appui en cas de retraite. Exposés ainsi à toutes les horreurs de la guerre des siéges, nous verrions toutes nos propriétés tomber aussitôt en ruines sous les coups répétés de ces infernaux canons, ou dévorées par les flammes des matières incendiaires vomies par leurs projectiles !...

Là, certes, n'est point pour nous la véritable question, car, qui de nos compatriotes n'est prêt à faire le sacrifice de tout ce qu'il possède, pour être utile à la défense du pays ?.. Et ces nobles pages de notre histoire : Lille, Valenciennes, etc., ne seraient-elles pas toujours présentes à notre esprit dans ces solennelles circonstances ?... Mais alors, la résistance avait un but... la ville, au moins, pouvant espérer d'échapper à l'ennemi !... et, si elle succombait, d'avoir servi encore les intérêts de la patrie !... Mais, avec ces nouvelles armes, s'il n'est que trop vrai que toute défense devient impossible, tout élan, tout courage est donc paralysé, puisque c'est avec une certitude mathématique que, sans compensation aucune, l'on s'offre en holocauste à l'ennemi, et que l'on entrevoit la triste perspective qui vous attend !...

Ici, je vous ferai grâce du tableau effrayant que notre appréhension — bien excusable peut-être — déroulait sous nos yeux ; qui ne connaît, en effet, le malheureux sort réservé à une place livrée aux fureurs et à la merci d'un vainqueur ?... et, vivement surexcitée dans cette circonstance, notre imagination ne nous épargnait alors aucune de ses plus sombres couleurs.

. . . .

Poignante perplexité, inquiétude de l'avenir, esprit constamment tendu vers un seul et même sujet ; flairant à chaque instant les diverses aspirations politiques pour épier les événements qui peuvent en découler ; n'entrevoyant partout et toujours que la guerre, c'est-à-dire, pour nous l'assurance de la ruine, de la famine et de la mort... voilà l'image fidèle de notre état moral à la suite de ces récréatives et éternelles conversations ! !

. . . .

Et, pourtant, parfois reprenions-nous courage ; car, à certains moments de calme, le dilemme suivant venait se poser à notre esprit, et avec lui, le raisonnement si simple qui en est la déduction logique : Ou les places fortes, par suite de la nouvelle découverte, vont cesser d'être nécessaires à la défense des États, ou elles conserveront toujours, comme précédemment, une véritable utilité ; or, dans l'un et l'autre cas, le gouvernement, qui est le protecteur naturel et le gardien fidèle et assuré des intérêts de tous, saura aviser à ce qu'il y aura à faire dans ces circonstances, et certes ce n'est point celui actuel qui saura faillir à cette tâche. Si, donc, les places fortes ne sont plus nécessaires, elles n'ont plus de raison d'être, et le gouvernement les dégageant de leurs entraves, n'hésitera point à les rendre bientôt à la liberté, et à restituer à l'industrie et à la culture une masse de terrains presque improductifs, affranchissant ainsi, en outre, l'État, de constructions onéreuses et d'un entretien extrêmement dispendieux. Si, au contraire, malgré l'invention redoutable qui vient d'apparaître, on persiste encore à envelopper les villes frontières de murailles et de remparts, c'est que ces places, dans ce cas, doivent continuer à rendre le même service que par le passé et à présenter toujours une défense égale, la science militaire se chargeant alors de pourvoir aux moyens indispensables à cet effet.

Ce raisonnement, sans doute, ne laisse pas que d'être fort logique, et, s'il est fondé, vient couper court à toutes craintes. Oui, mais ce n'est là, toutefois, qu'une hypothèse, et que devient une hypothèse en présence de l'inflexible réalité et de ces prodigieuses propriétés des nouvelles armes, se dressant toujours là menaçantes devant nos yeux ?

Telles étaient les craintes, telles étaient les réflexions incessantes dont nous tous, pauvres habitants de villes de guerre, nous avons été assaillis, pendant une longue période de jours, depuis l'apparition des canons rayés et leurs prodigieux résultats..

Mais, le grand remède à toutes les plaies, ce palliatif de toutes les douleurs, ce Léthé des plus pénibles pensées : le temps, était venu endormir cette agitation fébrile à laquelle nous avions tant et tant de fois été en proie ; et les sinistres échos de tous ces bruits finissaient à peine d'expirer, quand ils sortent de nouveau d'être réveillés, apportant de rechef avec eux leur infernal cortége d'affreuses appréhensions. Triste réveil ! qui vient nous arracher, hélas ! à notre somnolente et si douce tranquillité, et dont il me faut vous exposer les causes.

Chaque année, vous le savez, l'artillerie se livre ici à ses écoles du canon, sortes d'études périodiques qui ont pour objet de façonner les jeunes néophytes au tir de cette arme. Or, qu'est-il advenu aux dernières écoles ? C'est que le polygone, ce vaste champ, préposé jusqu'alors, de temps immémorial, à ces expériences, n'a point suffi cette fois à l'incommensurable portée et aux effets imprévus des nouvelles armes, — quoique reculé encore et considérablement agrandi, de ce jour même, pour être approprié à ce but, — et, qu'à l'heure qu'il est, l'on en est réduit à aller chercher dans une espèce de désert de la Champagne l'espace exigé pour ces épreuves.

De là, le retour de ces affreuses pensées, endormies jusqu'alors, de cette situation d'esprit dont je vous ai dépeint plus haut toutes les tortures, et qu'est venu aggraver encore le souvenir de certaines réflexions échappées à la plume d'une autorité en cette matière, consignées dans une notice publiée récemment (*), et dont je veux vous faire juge vous-même, car voici ce qu'on lit à ce sujet :

« Si la paix de Villafranca ne fût venue tout-à-coup, en 1859,
» mettre fin à la guerre d'Italie, certaine place du fameux quadri-
» latère eût probablement vu, à la grande surprise des ingénieurs
» allemands, ses remparts tomber en peu de jours, par l'effet de la
» justesse, de la longue portée et de la puissance destructive de
» nos nouveaux projectiles. »

Est-ce bien tout ?... Hélas ! non... — *Horresco referens !...* La presse, qui depuis longtemps accordait à ces matières les bienfaits de son silence, les exhume aujourd'hui de ses colonnes, plus vivaces, plus ardentes que jamais, et il n'est question, dans toutes les feuilles, que d'expériences relatives à ces affreuses armes rayées, et répé-

---

(*) Discours prononcé à la séance publique de l'Académie impériale de Metz, le dimanche 12 mai 1861, par M. le général Didion, président.

tées en tous lieux : en Prusse, en Autriche, en Russie, et surtout en Angleterre !... Qu'est-ce, aussi, à l'heure qu'il est, que ces canons d'Armstrong, tant vantés naguères ?... Fi donc, nous avons affaire maintenant à d'autres bien plus redoutables !... et ceux de Lancaster, de Scott, de Hadden, de Jeffrey, de Bristen, *et tutti quanti*, tour à tour en éclosion, — dont les noms plus ou moins gracieux viennent chaque jour flatter agréablement nos oreilles, — à quelle distance les laissent-ils derrière eux ?... Quant aux nôtres, il n'en est plus même mention que pour mémoire !...

Le moyen, en présence de causes aussi manifestes et de tels avertissements, de conserver notre sécurité ? La voilà donc encore une fois troublée et nous nous retrouvons, comme précédemment, condamnés indéfiniment à ces perplexités, à ces tourments dont nous avons si longtemps subi les atteintes, et à en attendre la guérison seule de la main — secourable certainement, mais si lente et si lointaine du temps, — jusqu'à ce qu'une autre circonstance vienne nous livrer de nouveau à cet éternel supplice !

Mais, au lieu de rouler constamment cet affreux rocher de Sisyphe, ne vaudrait-il pas beaucoup mieux sonder et approfondir judicieusement cette question, et en remettre la solution aux débats de la saine raison ?...

Oui, sans contredit, mais comment parvenir à faire sortir la lumière de ce chaos ?

— Parbleu ! sera-t-on peut-être tenté de nous dire, quelle grande difficulté ! et n'êtes-vous pas dans la situation la plus propice à cet effet ?... Quoi ! de votre propre aveu, vous habitez une des villes de guerre les plus considérables, c'est-à-dire, au milieu des hommes les plus compétents pour résoudre la question objet de toutes vos préoccupations !... Eh ! que ne consultez-vous alors ces derniers, au lieu de vous mettre tant l'esprit à la torture ?.....

— Bien dit ! sans doute ; mais, c'est là précisément ce qui fait toute notre désolation ; car, croyez-vous que nous ayons attendu semblables observations pour nous adresser à ces autorités en cette matière ?... Tous les hommes spéciaux, — pour mon compte, — je les ai interrogés tour à tour, et savez-vous la réponse concluante que j'en ai tirée ?...

Les artilleurs, presque unanimes dans leur langage, et pour ainsi dire fanatiques de ces nouvelles armes, ne cessent de tarir d'éloges à leur endroit et d'en préconiser sur tous les tons, sur toutes les gammes, les prodigieux effets : rien ne leur peut résister... elles ne connaissent ni obstacles, ni distances, et se jouent du roc et des maçonneries comme d'une simple gabionnade, ou d'un misérable palissadement ! Quant à leur précision, la flèche du sauveur de l'Helvétie n'en peut donner qu'une très-faible idée !... Combien c'est rassurant pour nous !...

Les officiers du génie, eux, beaucoup moins enthousiastes, — et pour cause, — restent fidèles à l'esprit de leur corps, — circonspect par excellence, — et se contentent : les uns, d'opiner tranquillement de la tête; les plus sceptiques, de sourire; les plus habiles, d'articuler un heu ! heu !... fort expressif sans doute, mais dont il n'est pas donné à tout le monde de saisir au juste la véritable signification.

Quant à l'infanterie, entièrement désintéressée dans la question, et plus libre par conséquent dans ses allures, certains, chez elle, disent oui ; un petit nombre, non ; quelques-uns, ni oui, ni non ; mais tous, invariablement, s'accordent comme un seul homme, sur ce point : que, quelles que soient les armes découvertes et à découvrir, passées, présentes et à venir, l'infanterie n'en restera pas moins éternellement la cheville ouvrière et l'âme de l'armée, et que jamais, dans aucune occasion de guerre, l'on ne pourra se passer de son concours ; que peu lui importent donc les nouveaux canons et leurs redoutables propr'étés !

Faites donc sortir la lumière de ce kaléidoscope d'opinions !

Comme nous voilà bien plus avancés qu'auparavant, et que nos inquiétudes ont sujet d'être dissipées !

Mais à qui donc s'adresser pour être fixé à cet égard ?...

Or, savez-vous, en dernière analyse, à qui j'ai songé... sur qui j'ai jeté les yeux ?... Je pourrais vous dire, à l'exemple du célèbre auteur de ces productions épistolaires tant et tant vantées : je vous le donne en cent, je vous le donne en mille ; mais je ne veux point abuser ici de votre patience, et je vous déclarerai net et sans plus de préambule, que c'est vous que j'ai choisi comme l'Ariane qui doit me guider dans ce nouveau dédale.

Jetez toutes les exclamations que vous voudrez, donnez cours, tant qu'il vous plaira, à votre ébahissement, j'y ai compté, soyez-en certain.... Mais, croyez bien, que quelque étrange que puisse vous paraître cette proposition, elle ne laisse point pourtant que d'être raisonnée, — et, peut-être bien aussi, raisonnable, — comme vous l'allez voir :

Puisque nous ne pouvons obtenir de solution positive de cette question, ne pourrait-il pas se faire, — nous sommes-nous dit, — que cela tînt à la nature même du tribunal devant lequel nous l'avons portée, et à la crainte, — fort légitime, sans doute, — d'une certaine suspicion dont on n'aime point à être l'objet ?...

Mais, si, au lieu de nous adresser directement à des parties intéressées, telles que l'Artillerie et le Génie, nous nous transportions sur un terrain neutre, en consultant quelqu'un de ces jeunes militaires qui, encore renfermés dans le sanctuaire des études, tout entiers livrés à la recherche de la science et de ses vérités, n'ont point eu le temps de s'imprégner de l'esprit de corps et de ses conséquences inévitables, qui sait si nous n'en obtiendrions pas cette solution après laquelle nous courons en vain ?... Recueillant chaque jour la parole du maître sur les matières d'art militaire, celles-ci sont bien plus fraiches à leur mémoire et n'ont pu jusqu'alors s'en échapper.

D'un autre côté, certaines questions ardues, et encore pendantes, comme celles que nous agitons en ce moment, peuvent être, au besoin, entre le disciple et le professeur, l'objet de quelque discussion, de quelque examen particulier.

Or, n'est-ce point là que se trouve la vraie porte à laquelle nous devions frapper ?...

C'est à vous de nous le dire, mon cher ami, mais j'ai la plus ferme confiance que cette fois nous ne faisons point fausse route, et, si grande, même, est ma conviction à cet égard, que lorsque m'est apparue cette idée, peu s'en est fallu que, dans mon enthousiasme à l'exemple d'Archimède, je ne m'écriasse : *Euréka* (J'ai trouvé).

Certain donc que votre concours ne nous fera pas défaut, j'attends avec la plus vive impatience votre réponse, et vous jugerez quelle importance nous y attachons, quand vous saurez, que d'elle seule dépend notre repos, toute notre tranquillité.

N'ayez pas peur, mon cher ami, de nous dévoiler la vérité ; ne vaut-il donc pas cent fois mieux être aux prises avec l'inflexible réalité, quelque terrible qu'elle soit, que d'être sans cesse en butte aux étreintes d'un fantôme ?...

Avec la réalité on combat... on vainc... ou l'on est vaincu... Avec un fantôme... être insaisissable, toute lutte est impossible : on s'acharne inutilement à sa poursuite... on se lasse... on s'épuise... on succombe !...

N'oubliez point, après tout, que nous sommes des enfants de la frontière... Depuis notre naissance le danger ne nous est-il point familier ?... Eh bien ! sachons le regarder en face ; mesurons-nous avec lui, plutôt que de nous laisser dominer par de vaines et constantes terreurs.

Répondez-nous donc franchement et sans ambages, en abordant carrément la question ; et, pour ne vous laisser aucun échappatoire, je vais vous la formuler ici telle que je l'entends ; la voici :

Que peuvent les fortifications contre les canons rayés ?...

Faut-il encore des places fortes ?... Leur utilité ?

Ainsi posée, il n'y a plus lieu à nuls moyens dilatoires.

Répondez-moi, alors, je vous le répète, d'une manière positive, et sans plus de retard.

II.

Examen de la fortification.

Autorités sur lesquelles il va s'appuyer.

L'Officier. — Mon pauvre citadin, jusqu'à quel point l'imagination peut-elle bien se donner carrière ?... C'est ce qu'il est impossible, en vérité, de pouvoir apprécier, quand on voit quel essor a su prendre la vôtre ! Que c'est à bon droit, juste ciel ! que l'on a nommé cette vagabonde, la folle du logis ! Et qui, jamais plus que vous tous, en cet instant, se charge de justifier cette appellation !... Quoi ! ce sont des hommes d'une raison éclairée, dont on se plaît d'un commun accord à admirer le jugement, qui, tout d'un coup, dominés par une idée fixe, se laissent aller à des craintes chimériques et fasciner par une fantasmagorie de dangers évoqués par de vains discours.... par de futiles conversations !!

— Oh ! je sais que vous allez m'arrêter tout court, et que vous ne manquerez pas d'invoquer sur-le champ ce colloque précité entre vous et les officiers de votre garnison.... Mais, franchement, mon pusillanime ami, avez-vous pu croire sérieusement à ce prétendu entretien, à ces propos en l'air ?... Etes-vous bien certain qu'il ne se soit pas trouvé, parmi ces messieurs, quelque autre Romieu qui, dans un accès de gaîté, voulant exploiter les craintes d'un *pékin,* vous ait choisi comme son malheureux Pipelet ? Tout bien considéré... qui sait s'il n'y avait pas quelque chose de vrai dans leur manière de voir ?... C'est ce que nous aurons peut-être occasion d'examiner plus tard.

Mais, allons plus loin, et admettons, un moment, comme sincère, ce langage : Croyez-vous qu'il m'appartiendrait, dans ce cas, à moi, pauvre apprenti dans l'art militaire, à moi, frais débutant dans la carrière, d'aller énoncer une solution là où des officiers blanchis sous le harnais, guidés par une étude approfondie et une sage expérience, croiraient devoir se tenir sur leurs gardes ?... Or, si je ne connaissais toute la loyauté de votre caractère, je pourrais être tenté de penser que c'est un piége que vous tendez à mon amour-propre ; mais, je ne vous ferai point cette injure et crois entièrement à la parfaite sincérité de votre proposition. Aussi, comme je suis profondément convaincu de toute la réalité de la situation d'esprit que vous me dépeignez, persuadé que quelques mots échangés avec vous suffiront pour la modifier complètement, je n'hésite point à les hasarder à l'instant.

Rassurez-vous donc tout-à-fait, mon cher ami, la question que vous m'adressez n'est point aussi ardue, ni aussi difficile que vous le supposez ; et, si vous l'aviez bien posée solennellement et surtout sous le manteau de la cheminée, dans une véritable causerie à deux, comme nous allons le faire en ce moment, il n'est pas un seul militaire, quelque peu pénétré de ce sujet, qui ne se soit empressé de calmer vos craintes, puisque moi, humble néophyte, à peine initié aux secrets de l'art de la guerre, je n'hésite point à entreprendre cette tâche.

Toutefois, retenez-le bien, je dois faire à cet égard toutes réserves entières…. et, quand je dis que je vais essayer cette tâche, il y a erreur manifeste de ma part, car c'est à des mains bien autrement capables, bien autrement savantes, qu'elle va se trouver confiée, puisque ce sont les autorités en cette matière : Deville, Vauban, Cormontaingne, Maizeroy, Follard, Cessac, Fourcroy, Bousmard, Duvignau, Napoléon, Carnot, Rogniat, Noizet, Jomini, Musset-Pathay, Gouvion-Saint-Cyr, Valazé, Haxo, Augoyat, Dufour, etc., qui se chargeront de ce soin.

Mon rôle, dans cette circonstance, se réduit, tel que vous le voyez, à bien peu de chose, devant se borner, à cet effet, à consulter tour à tour ces nombreux ouvrages, qui, déjà, sont là tout béants sous ma main, ainsi que les divers *traités de l'École d'application de l'Artillerie et du Génie*, et autres, afin d'en faire sortir les vérités nécessaires pour fixer votre conviction.

Ce n'est donc point moi, mon cher ami, comme vous pouvez en juger, qui me trouverai en cause ici ; car je vous le répète, — de quel poids pourrait être mon obscure opinion ? — mais ce sont des arbitres dont il est impossible de récuser la valeur, et dont je vais être tout simplement l'interprète, en transcrivant fidèlement et textuellement les principes et les prescriptions consignés dans leurs précieux écrits.

Néanmoins, pour rendre hommage à la vérité, et ne point me faire passer à vos yeux pour beaucoup plus méritant que je ne le suis réellement en cette occasion, je ne puis me dispenser de vous avouer : que, dans cet empressement à me rendre à vos désirs, il ne faut pas voir un dévouement absolu et désintéressé, car il doit résulter, pour moi, de cette étude, cet inappréciable et immense avantage : qu'en me livrant à cet examen, les matières que nous allons ainsi passer en revue se réflètant plus vivement dans ma mémoire, y laisseront par conséquent des impressions plus profondes, et dont, un jour ou un autre, je saurai faire infailliblement mon profit. C'est donc avec un vrai plaisir que je vais agiter avec vous ces questions, dans une conversation intime, dans un simple tête-à-tête près du foyer ; car ce n'est qu'à ce titre, — rappelez-vous-le, surtout, — qu'il faut considérer ces quelques données que je vais vous soumettre.

Et, savez-vous bien, à cet égard, qu'en agissant ainsi, nous allons renouveler ici un exemple donné déjà plus de trois cents ans avant nous ? Peut-être, ne vous en doutez-vous en aucune manière ; quoiqu'il en soit, l'entretien que vous me proposez aujourd'hui, — et que vous considérez probablement comme fait original, — a précédemment été mis en pratique, touchant des propositions de même relatives à la fortification, par un personnage d'une grande célébrité : par Machiavel, entre *Della Pella* et *Colonne*, dans son livre de l'*Art de la guerre*, écrit de l'an 1512, année de sa disgrâce, à 1527, année de sa mort.

Mais, que vous importent ce précédent et son analogie ?... Laissant donc de côté cet incident, abordons de front notre sujet.

Permettez-moi, cependant, avant de me mettre à l'œuvre, de rassembler et de coordonner tous mes documents et matériaux, l'affaire en vaut, certes, la peine.

Le Bourgeois. — Merci mille et mille fois, mon jeune ami, de votre obligeance ; je savais bien que je n'en avais pas trop présumé en y faisant appel. Merci donc, de nouveau, car, le croiriez-vous ? encore même que jusqu'à présent vous ne m'ayez opposé aucune argumentation, le ton et l'assurance qui règnent dans votre langage sont pour ainsi dire magnétiques, et ont produit sur tout mon être un effet tel, que j'en éprouve une véritable transformation. Ainsi, déjà je sens en moi une certaine confiance que je ne puis m'expliquer ; je dirai plus, même, quelque chose qui frise la hardiesse...

Qui sait ? pour peu que cela continue, j'en arriverais peut-être bien à regarder en face ces maudits canons, objet de toutes nos frayeurs !.. Et pourtant, que m'avez vous dit ?... Que vous alliez soumettre cette cause au jugement des autorités les plus compétentes en cette matière.... et là-dessus, vous me déroulez la liste d'une kyrielle d'auteurs, en remontant, je crois, depuis le règne de Louis XIII jusqu'à nos jours...

Mais, qu'ont à voir, je vous prie, dans cette affaire, ces guerriers séculaires, d'une grande illustration, — j'y consens, — mais d'une époque si différente de la nôtre ?... Qu'ont donc à démêler ici de vieux capitaines dont les talents militaires n'ont eu à s'exercer que contre des armes si éloignées de celles actuelles ? Qu'étaient, dites-moi, les serpentines, les bombardes, les couleuvrines, etc., en comparaison de nos canons rayés ?.. Je vous avoue que je ne comprends pas bien là l'importance ni l'actualité de l'aréopage devant lequel vous allez porter cette affaire, et cependant, je vous le répète, j'ai déjà une ferme confiance..... J'attends donc avec la plus vive impatience le moment où vous allez entamer cette discussion. Ne tardez donc plus davantage, je vous prie, et hâtez-en, au plus vite, le terme.

III.

Propriétés des fortifications — indépendantes des temps et des armes.

L'Officier. — Je comprends, mon vieil ami, toute votre impatience et l'espèce d'incertitude et de doute que vous manifestez à l'endroit du tribunal devant lequel je vais essayer de plaider la cause évoquée en ce moment. C'est que, — il faut que vous le sachiez bien, — mon cher ami, *les fortifications, en général, ont des propriétés indépendantes et des temps et des armes ; ces armes fussent-elles même des canons rayés !...*

Ceci, sans doute, va vous produire l'effet d'un paradoxe, mais rien cependant de plus facile que de prouver la vérité de cette assertion !.. et sa discussion, même, me conduit directement à mon sujet. Aussi, suivez donc scrupuleusement mon raisonnement, car j'entre maintenant en matière.

Depuis le jour où les hommes sentant la nécessité de mettre leurs intérêts en commun, se réunissant en société, ont formé des hameaux, des bourgades, puis des villes, ils n'ont pas tardé sans doute pour se soustraire bientôt à l'avidité et à la rapacité de leurs voisins, à reconnaître l'indispensable besoin d'entourerleur enceinte d'une barrière contre l'agression de leurs ennemis : de là, la naissance des *fortifications.*

Or, croyez-vous que ces fortifications présentassent, à leur début, l'aspect imposant de celles d'aujourd'hui ?... Proportionnées aux moyens d'attaque, elles étaient à la hauteur des armes employées à cette époque, et se composaient probablement, dans le principe : de simples lignes de terre, revêtues de gazons et de fascinages, de gros pieux enlacés de clayonnages d'osier, car, telles étaient, dit-on, celles qui couvraient le camp des Grecs devant Troie ; celles aussi trouvées dans le Nouveau-Monde, lors de la conquête du Mexique ; quelques places existant encore en Hongrie, en 1700, telles que Canisa, Sigeth, Témiskar, etc. ; les heppahs ou villages fortifiés que Cook a trouvés dans la Nouvelle-Zélande, en 1767 ; etc., etc.

Mais, peu à peu les progrès dans l'art de la guerre venant à se développer, les fortifications durent se ressentir nécessairement de ces nouvelles phases et présenter, à leur tour, des modifications en harmonie avec elles. C'est alors qu'aux retranchements précédents, d'une si minime résistance et si faciles à escalader, succédèrent des murailles, soit en briques ou en pierres, assez élevées pour être à l'abri de l'insulte, et assez épaisses pour n'être point aisément détruites. Ces murailles, sans aucun doute, furent la première *fortification permanente* des anciens.

Simples masses couvrantes, à l'origine, ces faibles remparts ne préservant seulement que contre l'accès de l'ennemi dans l'intérieur de la place, on ne tarda point ensuite à les organiser de manière à repousser, derrière ces retranchements, les efforts des assiégeants. Alors, on construisit, à leur partie supérieure, un corridor assez large pour porter des hommes et des machines de guerre ; et, en avant, pour couvrir les défenseurs, un petit parapet en maçonnerie, percé, d'une part, de distance en distance, et dans sa hauteur, d'ouvertures verticales, tour à tour nommées : *archières*, *arbalétrières*, puis, *créneaux*, *etc.*, pour permettre à la garnison de tirer au travers, sous la protection de ce petit mur ; et d'autre part, présentant à sa partie inférieure, d'autres ouvertures ou *machicoulis*, pour défendre le pied de la muraille.

Là ne se bornèrent point les dispositions de ces fortifications. De deux cents en deux cents mètres environ, s'élevaient, au milieu l'enceinte en maçonnerie, d'énormes *tours* rondes ou carrées, dépassant celle-ci de un ou de deux étages, afin de conserver de l'action sur le rempart quand l'ennemi s'en serait rendu maître, et pour commander les machines d'attaque des assiégeants. Puis, pour séparer la place de la campagne et enlever à l'ennemi le moyen d'aborder facilement les murailles, en avant du pied de ces dernières s'étendaient, dans toute leur longueur, d'énormes *fossés*, tantôt secs, tantôt pleins d'eau, suivant la position de la place.

Quant aux portes donnant accès dans l'intérieur de la forteresse, on sait, que placées entre deux tours qui en flanquaient l'entrée, elles étaient précédées de *ponts-levis*, et défendues par des *herses* ou des *orgues*, espèces de grilles en bois, doublées de fer, suspendues par des chaînes enroulées sur un treuil et destinées à les faire mouvoir.

Je ne m'appesantirai pas ici sur les dimensions colossales et prodigieuses de ces fortifications, car il n'est personne possédant quelques notions d'histoire, qui n'ait eu occasion de les remarquer ; je me contenterai seulement de rappeler, pour mémoire, que ces murailles avaient, en moyenne, de 20 à 25 mètres de hauteur, abstraction faite encore de celle des tours qui les dominaient en outre de plusieurs étages ; que certaines, même, de ces murailles, telles que celles de Tyr, s'élevaient jusqu'à la hauteur effrayante de 40 mètres ! Quant à leur épaisseur, elle ne le cédait en rien à leur élévation, car, celle des fortifications de Babylone ne présentait pas moins de 22 mètres ; et, qui ne sait que les murs de Thèbes, la ville aux cent portes, étaient assez larges pour que plusieurs chariots pussent rouler de front sur leur rempart ? À l'égard des fossés, on jugera de leurs énormes proportions lorsqu'on saura que ceux de Rome avaient, dit-on, 33 mètres de largeur et presque autant de profondeur !

Afin d'ajouter encore à la force de ces enceintes, souvent on les doublait ou on les triplait, témoin : Carthage, Babylone, Jérusalem , Rhodes, et Ecbatane qui était environnée de sept murailles, ces enceintes formant ainsi un véritable amphithéâtre de forteresses.

Quelles masses imposantes et formidables présentaient ces fortications !... Quels obstacles prodigieux elles offraient à l'ennemi, et que d'efforts ne fallait-il pas à celui-ci pour parvenir à en triompher !.. Car, quelque différente que fût la poliorcétique des anciens de celle de notre époque, affirmer que cet art fût alors plus facile ou plus simple serait peut-être une assertion quelque peu téméraire.

Mais c'est qu'il faut l'avouer aussi, ces proportions colossales des murailles , ces fossés prodigieux, ce redoublement d'enceintes étaient commandés par les moyens employés par l'attaque, tout ce que le génie de la destruction avait pu inventer de plus puissant étant mis en usage alors pour faire crouler ces remparts et s'en rendre maître !

Qui n'a entendu parler, qui n'a lu la description de ces *balistes*, de ces *catapultes*, de ces *scorpions*, et de toute cette artillerie névro-balistique des anciens, ayant pour moteur la force de torsion des câbles de nerfs ; puis, de ces autres machines du moyen-âge, à la fronde et au contrepoids pour éléments, tour à tour appelées chez nous, suivant les diverses époques : *trébuchet, mangonneau, pierrier, bible, bricole, bugle, dondaine, engin à verge, onagre, coillard, etc., etc.*, dont la force était telle qu'elles pouvaient lancer des corps énormes de toutes sortes : des poutres de 3 à 4 mètres de longueur, des blocs de pierre, des quartiers de roc, etc., du poids de 200 à 400 kilogrammes, et même quelquefois de 700 à 800 kil., comme l'a fait Archimède au siége de Syracuse ; et, — qui le croirait encore ? — jusqu'à des cadavres entiers d'animaux, des tonnes de vidanges, des matières en putréfaction, pour répandre la contagion dans la place, ainsi qu'en usèrent les Français au siége de Thin ou Thun-L'Evêque (Pays-Bas), par Jean de Normandie (an 1340). ? (1)

---

(1) Froissard raconte aussi un emploi singulier qui fut fait d'une de ces machines, en 1345, au siége d'Auberoche, et que nous ne pouvons nous décider à passer sous silence :

« Comment ceux d'Auberoche envoyèrent un de leurs varlets au comte
« Derby, pour dire leur nécessité, lequel fut pris de ceux de lost, et jeté
« par un engin dans la ville.
« .... Si que pour eux plus grever, ils prirent le varlet et lui pendirent
« les lettres au cou, et le mirent tout en un mont en la fonde d'un engin;
« et puis le renvoyèrent dans Auberoche. Le varlet chéi tout mort devant
« les chevaliers qui là étoient et qui furent moult ébahis et déconfortés
« quand ils le virent. »

Un autre fait de cette nature est aussi attribué par Jérôme Maggi (Miscellanea), à Mahomet, au siège de l'Ile d'Eubée ou Négrepont. — Au siège

Mais là ne se bornait pas la série de ces engins d'attaque ; à ceux-ci venaient s'adjoindre encore : les *béliers*, les *tarières*, ces machines mobiles destinées à battre en brèche les murailles ; les *hélépoles*, ces tours roulantes des anciens, comprenant jusqu'à dix, et douze étages, renfermant dans leur intérieur une nombreuse garnison tirant au travers des créneaux sur les assiégés, et dont nous retrouvons la trace au moyen-âge, sous les noms de : *chats, chats-chastels, truie* (1), *fouine, beffroi* ; les *terrasses*, ces masses effrayantes de terre, élevées presque par enchantement devant la partie de la muraille à battre et la dominant dans toute sa hauteur pour en chasser les défenseurs. — Et ces machines d'approche : les *mantelets*, les *vignes*, les *muscules*, servant à conduire à couvert les assiégeants jusque sous les murs de la ville et à combler de terre les fossés ; et celles montantes , ces espèces d'échelles employées à introduire l'assaillant dans la place ; les *sambuques* , les *tolénos*, etc. ; puis , toutes ces autres de jet : les *arbalètes à tour* , les *arcobalistes* , les *manubalistes* , les *fundibales, etc.*, moins puissantes sans doute que les balistes, les catapultes, etc. ; mais dont le concours, en somme, s'ajoutait avec tant de succès à celles ci !..

Et pourtant, là n'était point encore le terme de ces moyens de destruction, car il ne faut point omettre : les *cuniculi*, sortes de mines ou galeries souterraines, et les terribles matières incendiaires, les *balles à feu*, les *falariques*, les *malléoles*, et le fameux *feu grégeois* ! »...............................

---

de Carlstein, par les Hussites, en 1422, où les anciens engins à frondes fonctionnaient concurremment avec la nouvelle artillerie à feu, 1822 petits tonneaux de cette nature furent jetés de la même manière dans le château. (Études sur l'artillerie, par Louis-Napoléon Bonaparte.)

Consulter, pour la description de ces engins, machines, etc., Froissard, de Maizeroy, Folard, l'Encyclopédie, etc., et chez les auteurs modernes, Dufour (Mémoire sur l'artillerie des anciens), Louis-Napoléon Bonaparte (Études sur le passé et l'avenir de l'artillerie . Voir, dans ce dernier ouvrage, l'extrait de l'intéressant rapport rédigé par le capitaine Favé, concernant un de ces puissants engins du moyen-âge, *le trébuchet*, établi en 1850, par ordre du ministre de la guerre, pour fixer l'opinion sur un point d'archéologie d'art militaire, et dont les expériences ont eu lieu, dans la même année, au polygone d'artillerie de Vincennes.

(1) Peut-être n'est-il point inutile ici de faire observer que les peuples de l'antiquité, ainsi que nos bons ancêtres du moyen-âge, se sont montrés généralement fort amateurs, dans la dénomination de leurs engins, machines de guerre et ouvrages de fortification, de ces dénominations empruntées au règne animal; témoin, indépendamment des noms que nous avons eu déjà l'occasion d'indiquer, ceux ci-après, qu'on rencontre à chaque pas dans les ouvrages traitant de ces matières : *âne, loup, mouton, tortue, bourriquet, corbeaux de toute espèce : double, à tenailles, à griffes, démolisseur ; hérisson, araignée, serpentin, couleuvrine, nid d'hironde, queue d'hironde, moineau, souris, pas-de-souris, etc., etc.*

3

Que penser de si terribles inventions ? et pour leur résister, combien devaient donc être formidables les remparts de cette époque ! Mais cependant, quelque imposantes que fussent ces fortifications, elles durent néanmoins, à un moment donné, céder, à leur tour, la place à d'autres plus résistantes encore, quand des armes, de même, infiniment plus redoutables, furent affectées à leur attaque, quand l'emploi de la poudre, enfin, vint en révéler toute l'impuissance !! . . . .

A ces murailles monstrueuses en succédèrent donc de nouvelles, beaucoup moins élevées, mais beaucoup mieux appropriées, aussi, au nouveau but qu'elles étaient appelées à remplir. De là, l'apparition de la fortification *terrassée* et du tracé *bastionné*, encore en vigueur de nos jours, et à la protection de laquelle se trouvent confiées toutes nos places.

Toutefois, hâtons-nous de le faire remarquer, avec l'illustre auteur des Études sur le passé et l'avenir de l'artillerie (Louis-Napoléon Bonaparte), dont nous ne pouvons mieux faire que de consigner ici les judicieuses observations :

« Ce n'est point immédiatement, comme on est habitué à le
» dire, mais 150 à 200 ans après sa naissance, que la poudre à
» canon fit changer la fortification et la força d'entrer dans la voie
» où nous la trouvons aujourd'hui. »

. . . .

Mais, peut-être serez-vous tenté de vous écrier de nouveau : à quoi bon tout cet historique d'un passé si loin de nous ? Dans quel but toute cette érudition en pure perte ?.. et pourquoi, remontant jusqu'aux Assyriens, aux Grecs et aux Romains, puis, traversant tout le moyen-âge pour aboutir à notre époque, nous faire passer ainsi en revue ce dédale de fortifications ! Que m'importent donc à moi ces forteresses des anciens et tout leur attirail de guerre des siéges? Qu'ont à faire, dans cette discussion, des places dont il ne reste plus aujourd'hui de traces que dans quelques ruines éparses çà et là sur le sol de toutes les nations, pour le plus grand bonheur et l'intarissable admiration des archéologues et des antiquaires.... et, peut-être bien aussi, pour notre propre enseignement? Car, qui sait si tous ces lambeaux, ces débris encore debout, ne sont pas là, monuments muets laissés par la Providence, pour nous avertir du triste sort réservé, en général, aux fortifications, et de celui qui plus tard attend infailliblement les nôtres ?....

— Eh ! mon cher ami, pouvez-vous penser que si ce tableau des transformations successives de la fortification n'eût point été nécessaire à mon argumentation, j'eusse cru devoir le dérouler si longuement, — quelques soins que j'aie pris d'ailleurs de l'abréger, — sous peine de jouer à vos yeux le rôle d'un pédagogue ?

Croyez-le donc bien, si je me suis livré à cette étude rétrospective, c'est qu'elle était tout-à-fait indispensable à la démonstration que j'avais en vue.

Quoi !... vraiment, pour que celle-ci vous apparaisse, faudra-t-il absolument que je vous vienne en aide ? et ne tirez-vous pas vous-même, de cet examen, la conclusion toute naturelle qui en découle ? Ne voyez-vous pas : que si depuis l'établissement de la société, les hommes ont toujours éprouvé invariablement le besoin d'entourer leurs villes d'une ceinture de murailles, pour se préserver contre l'agression des peuples voisins avides ou ennemis ; que si, malgré les immenses progrès développés constamment par l'attaque, les fortifications n'en ont pas moins continué toujours à s'élever en avant des places... c'est qu'elles réalisaient, de leur côté, des modifications et des progrès à la hauteur des moyens de l'assiégeant !... Car, soyez-en bien convaincu, mon cher ami, c'est une opinion extrêmement erronée que de croire que tout progrès nouveau doit être le dernier dans son genre.

Les bouches à feu dont vous redoutez tant aujourd'hui les terribles effets, sont un pas gigantesque dans la science, sans nul doute ; mais l'expérience prouve qu'il n'est jamais un terme aux efforts du génie humain, et qu'une invention nouvelle, quelle que soit son immense supériorité sur celles qui l'ont précédée, ne manque point, à son tour, d'être dépassée par d'autres qui lui succèdent. Or, dussent les canons qu'ont tant illustrés les plaines de la Lombardie, être surpassés par ceux d'Armstrong que leur oppose aujourd'hui une nation rivale : et ceux-ci par ces armes tant préconisées de Whitworth ; ces dernières, de leur côté, par d'autres infiniment plus redoutables encore, — dût-on les tirer des arsenaux de Vulcain, ou de ceux mêmes du démon de la destruction, — soyez persuadé que la fortification saura toujours modeler ses moyens de défense sur l'importance de ces inventions.

C'est, qu'en effet, il en est des fortifications et de leur attaque, comme des plateaux d'une même balance, qui toujours doivent se maintenir en équilibre ; et, si l'un d'eux, par hasard, l'emporte un moment sur l'autre, un contrepoids bientôt vient en rétablir le niveau. Les forteresses, voyez-vous, quoiqu'en disent leurs détracteurs, sont, suivant une image si bien exprimée par un illustre auteur, image que nous avons prise ici pour épigraphe, et que nous reproduirons ailleurs plus complètement, — sont, dis-je, et l'on peut ajouter avec toute certitude, seront constamment les véritables boucliers des nations. Il ne s'agit, à cet égard, que de proportionner la force et la résistance de l'étoffe de ces armures à la puissance des armes contre lesquelles il leur reste à lutter, et c'est un soin auquel le corps qui préside chez nous à la construction des fortifications, saura certainement, n'en doutez nullement, satisfaire avec un plein succès.

Donc , *les forteresses ont en elles-mêmes des propropriétés* *indépendantes des temps et des armes* , — QUOD ERAT DEMON-STRANDUM , pour terminer à la manière de nos professeurs , par cette conclusion sacramentelle si chère à leur bouche, et qu'autrefois, sur ces bancs du lycée, nous étions si heureux nous-mêmes de formuler, quand il nous était donné d'y atteindre. —

. . . .

Eh bien ! mon cher ami, votre opinion commence-t-elle à être ébranlée, touchant l'influence des armes sur les *fortifications* ? Et pourtant, je n'ai abordé jusqu'à présent qu'une face de la question, celle relative aux propriétés des forteresses, considérées par rapport aux temps et aux armes ; il me reste encore à examiner leur utilité, envisagée d'une manière absolue, c'est-à-dire, abstraction faite *du temps et des armes*, et par rapport seulement à la défense du pays.

Mais comme cet examen ne laisse pas que d'exiger quelque recueillement et aussi quelques recherches ; et que, d'un autre côté, je ne suis pas fâché de connaître votre impression sur ces premiers débats, suspendons un moment, je vous prie, cette discussion, et veuillez profiter de cet instant de trêve pour me consigner vos observations à ce sujet. — A bientôt donc la reprise des hostilités.

IV.

Utilité absolue des places.

Le bourgeois. — Vous croyez peut-être, mon jeune et bouillant champion, avoir gagné déjà votre procès et triomphé de ces craintes qui m'agitent si cruellement, mais que vous traitez, — vous, si cavalièrement, de folles et de chimériques ?... Néanmoins, détrompez-vous ; malgré votre faconde, votre savoir et votre logique, je reste, à mon grand regret, tout aussi irrésolu que par le passé, et j'ai bien peur, en vérité, que le mal chez moi ne soit passé à l'état chronique, puisqu'il ne sait pas céder à une médication si savante ; aussi, je commence presque à désespérer.

Quoiqu'il en soit, je veux persévérer encore, et avant de vous exposer tous mes doutes, j'écouterai jusqu'au bout votre féconde argumentation ; car, je suis désireux, à vous dire vrai, de vous voir justifier cette prétendue utilité absolue des places, tant et tant de fois battue en brèche, et dont l'opinion générale, — il me semble, — a fait depuis longtemps justice.

L'expérience des dernières guerres de l'empire n'est-elle pas, en effet, encore toute vivace, pour nous apprendre et nous prouver, jusqu'à l'évidence, que les places aujourd'hui n'arrêtent plus les

armées, et, qu'au lieu de s'amuser à dépenser une somme énorme
de temps, de troupes et de munitions pour s'en rendre maître; on
se borne tout simplement à les tourner et à marcher droit au cœur
du pays, comme on en a usé que trop malheureusement, par deux
fois différentes, vis à vis de notre pauvre France ?............

Je suis donc curieux véritablement de vous entendre réduire à
néant ces misérables objections. Quant à moi, je réserve les miennes,
— s'il y a lieu, — jusqu'à nouvel ordre, et soyez bien persuadé,
— le cas échéant, — que vous n'y perdrez rien pour attendre....
Fasse, toutefois, que vous sortiez victorieusement de la lutte ! C'est
le résultat que j'appelle de tous mes vœux, puisque j'y gagnerais
cette confiance et cette sécurité passées, que je crains bien de ne
pas recouvrer de sitôt. J'attends donc avec la plus vive impatience
votre nouveau plaidoyer.

L'Officier. — Je ne veux point vous faire attendre longtemps,
mon incrédule ami ; aussi bien, toute mon artillerie est prête, mes
batteries sont dressées et il ne me reste plus qu'à faire feu.

Je commence donc :

Vous me jetez à la tête, et avec un air de triomphateur montant
au Capitole, cet argument *ad hominem ,* si souvent invoqué : que
maintenant l'on ne prend plus la peine de faire le siége des
places, etc., etc... et à la suite, la tartine obligée touchant l'inutilité des forteresses, qui en est l'inséparable conséquence.

Nous verrons tout-à-l'heure à quoi nous en tenir à cet égard au
sujet de la première proposition.... Mais pour le moment, attaquons plus sérieusement la question principale, en examinant les
véritables bases sur lesquelles repose *l'utilité* des places. Or, afin
que vous ne perdiez pas de vue cette question fondamentale, je
vais vous la transcrire ici en gros caractères. Veuillez donc me
suivre dans le développement de ma thèse, peut-être un peu longue,
— j'en conviens, — mais qu'il m'a·fallu proportionner à l'importance du sujet.

De l'utilité des places fortes. — Pour bien nous pénétrer de
l'utilité des places fortes, jetons ensemble, mon cher ami, nos
regards sur tous les États du globe. Que découvrons-nous ?...
C'est qu'il n'en est pas un seul qui n'emprunte le secours de ces
imposantes barrières, et qui n'en soit hérissé d'un double ou d'un
triple rang de lignes.

La France, pour son propre compte, dans l'espace de moins d'un
quart de siècle, n'a-t-elle pas eu à faire l'expérience de la valeur
de quelques-unes de ces mêmes défenses ? Alger, Anvers, Saint-
Jean-d'Ulloa, Constantine, Zaatcha, Rome, etc., sont là pour faire
foi de la prétendue inutilité de ces murailles à arrêter les pas des
armées !

Est-il besoin d'invoquer, en outre, un événement plus récent et dont le souvenir est encore palpitant dans tous les cœurs, pour témoigner en faveur de la force et de l'utilité des places ? Car, qui de nous n'a frémi d'impatience, d'espoir, de crainte et de toutes les émotions du cœur humain, aux phases si diverses et si longues du siége à jamais mémorable de Sébastopol !

Il y a deux ans, à peine, au sein de ces mers lointaines baignant un immense empire, — bien vieux, sans contredit, en civilisation, mais dont on peut à bon droit, sans être taxé de partialité, révoquer en doute la marche du progrès, — devant quels obstacles, néanmoins, sont venues échouer, je vous prie, des troupes alors en guerre avec cet Etat,.. troupes, cependant, si bien disciplinées, si braves, et portant haut l'honneur d'une nation, l'une des premières du monde ?.... Et, quelles sont les barrières contre lesquelles, — une année plus tard, — dans les mêmes parages, notre armée s'alliant à cette même nation, pour l'aider à venger cet échec, eut à livrer tant de combats, à développer tant d'efforts et de courage ?...

Si nous évoquons d'autres souvenirs récents, quelles sont, dites-moi, les considérations qui ont contribué, — dans une certaine mesure, — à contenir l'essor victorieux de nos aigles dans les plaines de l'Italie ?... Il suffit, à cet égard, de se rappeler le langage du digne et vaillant chef de ces belliqueuses légions : « J'étais fata-« lement obligé d'attaquer de front un ennemi retranché devant de « *grandes forteresses*, protégé contre toute diversion, sur ses « flancs, par la neutralité des *territoires* qui l'entouraient ; et, en « commençant *une longue et stérile guerre de siéges*, je trouvais en « face, l'Europe en armes, prête, soit à disputer nos succès, soit « à aggraver nos revers. » (Napoléon III. — Discours aux grands corps de l'Etat, 19 juillet 1859.)

Interrogeons encore les derniers événements militaires qui sortent de se dérouler au-delà de l'extrémité Sud de notre Europe : ces chants d'allégresse répercutés naguère par les échos de toutes les montagnes de l'Espagne, quel acte solennel, quel succès, quelle victoire proclamaient-ils ?... Que les yeux vinssent à se tourner vers cette contrée de l'Afrique faisant face à l'ancienne Ibérie : cette tristesse, cette consternation des habitants de la malheureuse Tétouan... révélaient assez que c'est la chute de cette ville, de ce rempart des Maures, que célébraient à l'envi les accents délirants des vainqueurs ?...

Non moins récemment encore, au milieu de tous ces drames guerriers sous lesquels vient de gémir la péninsule italique, quels sont les travaux, quels sont les obstacles qui ont tenu si longtemps les esprits en suspens ? Ne sont-ce pas les remparts de Palerme, de Gaëte, de Messine, qui seuls ont su arrêter un moment la marche envahissante de la révolution.

De tels faits ne sont-ils donc pas des preuves matérielles et irrécusables de l'importance et de l'utilité des forteresses ?

A défaut, pourtant d'une telle argumentation, livrons-nous à une appréciation théorique, et faisons ressortir, par l'analyse et le raisonnement, le pour et le contre des fortifications permanentes, en les envisageant sous le double point de vue de la *défensive* et de *l'offensive :*

« Le premier besoin de l'homme, a dit un philosophe, étant la « liberté, le premier besoin des nations est celui de l'indépen-« dance. » Or, l'indépendance des Etats ne peut être assurée que par l'équilibre des forces militaires.

Mais toutes les puissances ne disposant point d'un même nombre d'hommes, cet équilibre ne pourrait s'établir que par le secours d'obstacles, ou naturels, ou bien artificiels, qui, prêtant momentanément un point d'appui aux plus faibles, peuvent retarder l'invasion de son pays jusqu'à ce que les autres puissances intéressées au maintien de cet équilibre, soient venues, par leur concours, en assurer l'établissement.

De grandes chaines de montagnes, de vastes forêts, des déserts arides, des marais impraticables, ou de grands cours d'eau divisent-ils les frontières de ces différents Etats ?.. ces obstacles seront des *fortifications naturelles* supérieures à tous les travaux d'art.

Ces lignes de démarcation, au contraire, sont-elles établies au milieu de plaines fertiles, sillonnées de communications faciles, il faudra, pour maintenir la sécurité de son territoire, recourir à l'art, et suppléer par des travaux d'industrie à ces défenses nationales ; de là : *les fortifications artificielles et permanentes,* que nous avons à examiner, et qui ne laissent pas, parfois, que de présenter maints points de ressemblance avec les fortifications naturelles.

Une ligne entière de démarcation ne pouvant être gardée dans toute son étendue, et d'une manière continue, par de semblables travaux , soit en raison de l'énorme dépense qu'ils entrainent, soit à cause de la garnison prodigieuse qu'ils exigent, on se borne alors à garder les points principaux par des lieux fortifiés d'une manière permanente, autrement dit par des *places,* ou *forteresses,* ou *villes de guerre,* ou *places fortes,* ou encore *places de guerre,* dans lesquelles on rassemble tous les moyens nécessaires à une défense locale.

Ces places, quoique séparées, n'en font pas moins l'effet d'une ligne continue, attendu que si l'ennemi voulait pénétrer dans les intervalles, il se trouverait exposé à être harcelé sur ses derrières et coupé par les garnisons de ces forteresses, qui, se répandant dans ces mêmes intervalles , rendraient la retraite impossible ou du moins très-périlleuse.

Or, ici, — je crois, — nous devons être parfaitement d'accord, car au commencement de cet entretien, vous avez pris soin, vous-même, de constater déjà ce fait, en remarquant que, en égard à la puissance des armes actuelles, l'ennemi débuterait tout d'abord par s'emparer des places en première ligne sur son passage, pour ne point avoir à redouter d'être coupé plus tard et inquiété sur ses derrières ; de là vos terribles appréhensions....

Ce point admis, les conséquences qui en découlent, sont celles-ci : Les places fortes sont une barrière opposée à l'irruption des barbares ou des nations mal intentionnées ; elles dispensent, par leur présence, d'avoir continuellement sur pied d'innombrables armées pour garder les avenues du territoire ; elles empêchent le sort des nations d'être compromis par les mauvais succès d'une bataille ; elles assurent la possession des passages importants, des ports, des entrepôts de subsistances, des grands établissements de commerce ; elles préviennent une multitude de guerres, par la série de difficultés qu'elles laissent entrevoir à l'ennemi, par les immenses travaux et les nombreuses armées qu'exige leur attaque.

L'ennemi, en entreprend-il le siége ? Les séries d'opérations que cette attaque entraine, la résistance qu'opposera la place, donne ront à la puissance attaquée le temps de lever des troupes, de réunir et de mouvoir les armées et de les amener au secours de la frontière attaquée.

Déjà, nous avons vu précédemment les avantages tout-à-fait indépendants des temps et des armes, que possèdent les places fortes, mais là ne se bornent point seulement ces avantages ; il en est d'autres encore qu'il est impossible de leur contester :

Elles protègent les populations, l'industrie même et l'agriculture ; elles soutiennent jusqu'au dernier moment l'esprit militaire et le courage de la nation ; elles reçoivent les malades et les blessés, et favorisent la levée et l'organisation des recrues.

Les forteresses, enfin, suivant l'heureuse expression de Carnot, àlaquelle nous avions fait allusion précédemment, sont les *armes défensives des puissances*, comme les boucliers le sont des individus. « Les boucliers , dit-il, ne blessent point, ils ne font que parer les « coups. Les places fortes sont, de même, essentiellement conser- « vatrices, et seules, sous ce rapport, parmi les grands instru- « ments de guerre, elles semblent justifiées aux yeux de l'huma- nité. »

V.

Reproches adressés aux places fortes. — Valeur de ces reproches.

Nous venons d'examiner les avantages présentés par les places fortes ; mais pour être juste, il nous faut voir maintenant les reproches qu'on leur adresse ; puis, des diverses opinions professées à ce sujet, nous ferons ressortir celle la plus répandue aujourd'hui.

On ne peut nier, sans aucun doute, que l'utilité des places a été contestée maintes et maintes fois par une foule de personnes, et qu'elle trouve encore de nos jours de chaleureux contradicteurs. Des hommes, même d'un très-grand mérite, en tête desquels nous placerons le maréchal de Saxe, ont prétendu que les forteresses ne rendaient pas les services pour lesquels elles étaient construites, et que leurs garnisons seraient bien plus efficacement employées en campagne que renfermées derrière leurs remparts (1).

Cette opinion, entièrement défavorable aux places fortes, s'était, même, à une certaine époque, tellement accréditée chez quelques nations de l'Europe, que Joseph II (2), empereur d'Allemagne, s'était déterminé à démolir ou à faire démanteler les places les plus fortes de la Belgique. « Aussi, cette belle contrée, — dit « Carnot, auquel nous empruntons ces faits, — qui avait été pen- « dant tant de siècles le théâtre de la guerre sans être conquise, « le fut-elle par les Français, en une seule campagne, et sans « retour, pendant cette révolution qui semblait devoir entraîner « leur extermination et le démembrement de leur pays. »

Le même langage est tenu par Muret-Pathay, dans sa relation du siége de la citadelle d'Anvers, en 1792.

Mais l'Allemagne ne fut point la seule victime de ce préjugé à l'endroit des fortifications : la Hollande, qui était hérissée de places fortes, devant lesquelles la puissance de Philippe II et celle de Louis XIV avaient successivement échoué, a été également conquise par les Français, en une seule campagne, pour avoir négligé ces places et ne les avoir point pourvues d'approvisionnements.

La France, de son côté, quelque temps avant cette époque, ne fut pas non plus à l'abri de cette erreur, et accueillit un moment

---

(1) Mais, ô contradiction et bizarrerie humaines ! ce même maréchal de Saxe, qui se montre détracteur si prononcé des fortifications et l'un de leurs plus ardents adversaires, n'en propose pas moins, lui-même, un système de fortification, qu'il attribua au roi de Pologne, son père !!

(2) Joseph II, né en 1741, est mort en 1790 ; il était fils de Marie-Thérèse. C'est à la vue de Joseph II, qui, encore au berceau, fut porté par sa mère, entourée d'ennemis puissants, dans les rangs des Hongrois, que ceux-ci s'écrièrent : *Moriamur pro rege nostro Mariâ-Theresâ.*

4

l'opinion professée alors, « qui, si elle avait pu prévaloir, ajoute
« encore Carnot, en aurait infailliblement entraîné la ruine pendant
« cette crise terrible où elle a été sauvée maintes fois par la résis-
« tance de ces places, et particulièrement par celles de *Landau,*
« *Lille, Maubeuge,* etc. »

Examinons donc les reproches adressés aux places fortes : Ici,
vient de droit cette fameuse objection que vous m'avez opposée
d'un air si radieux ; qu'elle prenne rang, par conséquent, la première, — la position des troupes les plus redoutables n'est-elle pas
toujours en avant ? — Et pour nous en mieux pénétrer, reprodui-
sons-la de nouveau dans toute son intégrité :

La manière actuelle de faire la guerre, dit-on, a changé les
rapports qui existaient autrefois entre les forteresses et les armées
actives. Les corps considérables redoutent peu les faibles garnisons disséminées dans les places ; ils se contentent de les faire
observer par des détachements, même inférieurs, et ils poursuivent
leurs opérations offensives en marchant droit au cœur du pays,
comme il est arrivé pour la capitale de la France, deux fois envahie
par les puissances coalisées.

Est-ce bien là, dites-moi, dans toute sa force, dans toute sa plus
grande expression, cette terrible objection ; et l'ai-je affaiblie en
quoi que ce soit ?

Or, ce doit être, sans contredit, une des plus sanglantes critiques
adressées aux places fortes, et il était difficile, sans doute, de tailler
plus profondément dans le vif, puisque c'est réduire, pour ainsi
dire à néant, le rôle des fortifications.

Eh bien ! ce reproche, quelque grave qu'il soit, n'est point encore
pourtant le plus important , et je veux y adjoindre, en outre, un
argument plus sérieux, invoqué aussi contre les forteresses, celui-ci,
qui ne manque pas d'être embarrassant : *A quoi bon les fortifications, puisqu'il n'est pas de place imprenable ?*

Direz-vous que, m'échappant par la tangente, je cherche à éviter
la discussion ? Tout au contraire, vous le voyez, je la veux aussi
complète, aussi large que possible, car loin d'atténuer cette objection écrasante, je m'empresse de confesser tout d'abord : qu'elle est
parfaitement fondée, puisqu'il est admis véritablement en principe
qu'il n'est pas une forteresse qui ne doive finir par succomber devant une attaque méthodique, c'est-à-dire, dans un siège en règle.

Est-ce s'exécuter franchement, répondez ?... Et vous trouvez-
vous satisfait ? — Je vais faire plus encore.... je vais me charger
moi-même de vous développer sur-le-champ les raisons, à l'appui
de ce sort réservé aux forteresses.

L'ordre de ces questions en sera, sans doute, interverti, mais
qu'importe ? La première n'en trouvera pas moins, tout-à-l'heure,
sa réfutation.

Voyons donc pourquoi il n'est pas de forteresse *imprenable*.

Une place, quelles que soient sa force et son importance, n'a qu'un nombre déterminé de troupes pour sa garnison, qu'un approvisionnement limité en vivres, en munitions, en machines de guerre, en toutes choses enfin, nécessaires pour le service et les besoins de la défense.

Or, si cette place vient à être fermée hermétiquement, ou autrement dit, *bouclée*, par un cordon de troupes qui l'enceignent de tous côtés et en empêchent le ravitaillement, qu'arrivera-t il ?... C'est que, de jour en jour, la garnison verra réduire son effectif, par les maladies, par les fatigues, par les travaux, par le feu de l'ennemi ; les munitions et les approvisionnements de toute espèce s'épuiseront sans cesse ; les bouches à feu seront presque toutes détruites ou hors de service ; et, si cet état se prolonge indéfiniment, la place devra succomber infailliblement, faute de bras disponibles, faute de vivres et de tous moyens nécessaires à la défense.

La prise d'une place, abstraction faite du concours qu'elle peut recevoir du dehors, des secours et des renforts qui peuvent lui être amenés, n'est donc, après tout, comme vous le voyez, *qu'une simple question de temps.*

. . . .

Quant à la position de l'armée assiégeante, est-elle la même ? Quelques réflexions suffiront pour faire voir qu'elle en diffère totalement.

Pour elle, en effet, rien de semblable : tous ses mouvements sont libres ; elle est maîtresse du pays environnant, dans un rayon donné ; elle possède, en arrière, un dépôt central d'approvisionnements ; ses vivres, ses munitions, son matériel de guerre peuvent se renouveler constamment. Les rangs de ses soldats viennent-ils à s'éclaircir ?... elle peut les maintenir incessamment au complet, en faisant venir des renforts de ses autres corps, des lignes en arrière.

Mais, là ne se borne pas encore tout l'avantage de l'attaque sur la défense, car on doit, en outre, y ajouter ceux suivants :

Les fortifications d'une place sont dans une position limitée, fixe, immuable, que l'on ne peut ni étendre, ni modifier à son gré ; il faut, de toute nécessité, qu'elles en subissent les inflexibles conséquences.

L'attaque, au contraire, a un immense terrain pour se mouvoir, pour se développer, se replier ; elle choisit son point d'attaque à sa convenance ; elle avance, elle recule, elle s'aligne, elle dirige ses travaux à sa volonté, à sa guise, et suivant les dispositions qui importent à son service et à sa sécurité. Ses batteries se plient à toutes les positions, à toutes les formes des fortifications de la place ;

elles s'éloignent ou se rapprochent, selon les besoins ; elles s'établissent dans le prolongement des crêtes des ouvrages, et détruisent par leur ricochet toute l'artillerie de l'assiégé. Tous ses feux, enfin, convergent vers un centre resserré, tandis que ceux de la défense, forcés dans leur emplacement et restreints dans leur nombre, sont obligés de se disséminer et de s'éparpiller sur une vaste surface.

Je pourrais poursuivre encore plus loin ce parallèle entre l'attaque et la défense, car je n'ai point énuméré tous les avantages de la première sur celle-ci, mais ce rapide aperçu a dû suffire pour fixer véritablement votre opinion touchant cette supériorité incessante de l'attaque.

Donc, si nulle armée n'accourt délivrer une ville assiégée, si des secours ou des approvisionnements ne parviennent pas dans ses murs, et, si quelque circonstance heureuse ou imprévue ne lui vient point en aide, cette dernière doit inévitablement succomber. De là, ce principe fondé et justifié : qu'il n'y a point de place imprenable, et que la prise d'une forteresse n'est qu'une question de temps, de travaux, de fatigues et de laborieux efforts....

. . . .

Mais s'en suit-il, pour cela, que les places fortes soient véritablement *inutiles ?*...

Quoi !... parce qu'une machine de guerre ne pourra fonctionner qu'un nombre déterminé de fois ; parce qu'une bouche à feu ne sera appelée à fournir qu'une série limitée de coups ; et qu'au bout de cette période de services rendus, il faudra les remplacer l'une et l'autre, nous devrons, pour ce motif, renoncer à leur emploi et les considérer comme inutiles ?...

Parce qu'une locomotive est susceptible de faire explosion et de lancer en l'air tout le transport qu'elle traîne à sa suite, on en sera réduit, pour cette raison, à se priver à tout jamais de son usage ?...

Après tout.. de ce qu'aucune place est imprenable, est-il certain, pour cela, que toutes doivent être prises ?... Y a-t-il donc certitude mathématique qu'elles doivent invariablement succomber ?... Et, qui peut réellement assurer qu'elles succomberont ?...

Or, encore même qu'une forteresse ne puisse échapper à ce fatal résultat, n'aura-t-elle donc pas auparavant été essentiellement utile, et son but, par conséquent, ne sera-t-il pas parfaitement atteint ?

Ne doit-on donc compter pour rien le rôle important qu'elle aura rempli dans cette circonstance ? C'est ce qu'il nous faut examiner maintenant.

Ici vient se placer la réfutation du premier de ces reproches, réfutation, on le sait, que nous avions cru devoir ajourner à un autre moment. Réunissant, en effet, dans une même appréciation, ces deux objections fondamentales, les plus graves de toutes celles que l'on puisse adresser à la fortification, et devant lesquelles

s'évanouissent toutes les autres, nous allons les approfondir actuellement d'une manière plus large, plus générale, et leur discussion, sans nul doute, nous mettra à même de juger alors si les
places fortes sont bien réellement inutiles.

Procédons à cet examen :

Sans ajouter à chacun de ces reproches une foi plus robuste
qu'ils ne méritent, et laissant de côté, quant au premier, — un fait
tout exceptionnel, et qui ne doit point être envisagé isolément, mais
entouré de toutes les circonstances politiques de l'époque, — considérons ce rôle des fortifications dans les deux cas précités,
et voyons s'il est, de fait, aussi inutile qu'on veut bien le supposer.

Si l'ennemi, sans s'arrêter à faire le siége des places qu'il rencontre dans sa marche, tente, comme on le prétend, de pénétrer
entre les forteresses et de marcher droit au cœur du pays, il lui
faudra, pour assurer ses flancs et ses derrières, détacher de nombreuses et fortes divisions pour contenir et surveiller les garnisons
des places qu'il tourne, et, quelque imposante que soit une armée
envahissante, à mesure qu'elle s'avance et qu'elle veut s'étendre,
elle finira par s'affaiblir considérablement.

Que sera-ce, si l'on est obligé de détacher une partie de ses
troupes au siége d'une place ?... et, qu'est-ce qu'un corps de 20 à
30 mille hommes, affecté à ces opérations ?...

L'équilibre, un moment rompu par la supériorité numérique de
l'ennemi, peut enfin se rétablir, et les places fortes, si elles sont
bien échelonnées, prêteront, dans cette circonstance, à l'armée
défensive, un appui incalculable, et lui permettront d'arracher une
conquête, consommée, sans doute, sans le secours des fortifications.

Cette armée défensive, en effet, quelsque soient, ses mouvements,
n'aura point à craindre d'être coupée dans ses communications :
poursuivant et harcelant sans cesse l'ennemi, elle cherche à envelopper et à attirer chacun de ses corps ; elle enlève ses convois ;
elle le ruine en détail... Se trouve-t-elle serrée de trop près ? Elle
se rapproche d'une de ses places, où elle trouve un refuge assuré.

Renouvelant constamment ces mêmes manœuvres, sous la protection des places, il est bien difficile que l'armée qui se défend,
quelle que soit sa faiblesse, ne parvienne pas à mettre un terme
au succès de l'agresseur et à le refouler enfin hors du sein de l'État.

Malheur à lui, s'il ne fait pas une retraite en bon ordre !...
Les garnisons des places voisines, qui, jusqu'alors, n'ont point eu
d'autre tâche que de garder les dépôts qui leur étaient confiés,
sortent maintenant, sans crainte, de leurs retraites, et inquiètent
les flancs de cette horde fugitive. Les habitants, eux-mêmes,
courent aux armes, détruisent les convois et les corps isolés... et
bientôt l'ennemi, harassé, harcelé de toute part, est forcé de se
faire jour, l'épée à la main, au milieu des plus grands obstacles, et

de regagner honteusement une frontière que, naguère, il avait franchie avec orgueil et dans l'assurance d'un plein succès ?........

Ce résultat est dû, seul, à la puissance prêtée par les places fortes répandues sur le sol envahi, et démontre suffisamment, je crois, leur utilité dans la défense d'un État.

Mais, qu'adviendra-t il, si le pays, au lieu de présenter seulement une ceinture de forteresses autour de ses frontières, renfermait encore quelques-unes de ces barrières, dans l'intérieur ?... Or, — et c'est ici maintenant que se place la réfutation de votre première objection, — c'est précisément, parce que la capitale d'une contrée est généralement dépourvue de fortifications, que les armées se dirigeront droit vers ce point ; et, c'est précisément encore, parce que, aux époques néfastes dont il est question plus haut, Paris était une ville entièrement ouverte, que les colonnes ennemies s'y étaient donné rendez vous, sûres de dicter des lois au reste de la France, cette ville une fois tombée en leur pouvoir....

Çà ! dites-moi, mon rude adversaire, croyez-vous qu'elles eussent agi de la sorte, et qu'elles fussent arrivées au même résultat, — abstraction faite des circonstances politiques d'alors, — si cette cité eût été mise à couvert de leurs attaques par la protection d'un puissant bouclier de murailles ?... Pensez-vous franchement qu'aujourd'hui elles oseraient s'aventurer avec autant de confiance, dans une telle entreprise ? ....

Mais, l'objection qu'on invoque, tourne, au contraire, contre ceux qui l'emploient ... car, puisque c'est par cela même que l'intérieur d'un pays est dégarni de forteresses, qu'on s'empresse de s'y rendre, et que, s'il en était pourvu, on n'oserait point s'y hasarder ; donc : il faut se hâter d'y établir des fortifications ;... donc, les places fortes sont nécessaires, et il n'est point d'argument plus sérieux, peut-être, pour justifier leur utilité.

VI.

Conclusion concernant l'utilité générale des places.

Fort des déductions précédentes, je pourrais, dès à présent, mon brave ami, achever d'en tirer la conclusion complète concernant l'utilité et l'indispensable nécessité des places ; mais, n'ayant encore envisagé celles-ci que sous le rapport de la *défensive*, il nous reste, en outre, à les examiner sous celui de l'*offensive*. Je serai bref, du reste, de ce côté, les raisons que nous avons déjà analysées devant composer un faisceau de lumières suffisant pour former une opinion à ce sujet...

Quelques mots donc , seulement , sur les propriétés des forteresses, relativement à l'*offensive.*

S'agit-il de porter la guerre au dehors ?... Les forteresses, dans
cette circonstance, seront la base de toute grande opération extérieure, car elles serviront de dépôts à tous les objets réclamés par
ces entreprises ; elles seront les points centraux d'où partent tous
les mouvements....

Subit-on un échec ?... Elles offrent un refuge précieux à l'armée , en recueillant les débris et empêchent l'ennemi de poursuivre
plus loin ses succès....

Voulez-vous une preuve de ces propriétés ?... Nous l'emprunterons à Vaurey-Pathay, dans sa relation du siége de Maëstricht, en
1794 ; elle achèvera, à elle seule, de compléter les raisons d'utilité
des places envisagées sous le rapport de l'*offensive :*

« Après avoir pris Charleroi, Landrecies, Lequesnoy, Valen-
« ciennes, Condé, Namur et Liége, la possession d'une place forte
« sur la Meuse, devenait nécessaire pour appuyer la droite de nos
« conquêtes, pour assurer nos quartiers d'hiver, isoler le pays de
« Luxembourg, prévenir les tentatives de l'ennemi, au printemps
« prochain, et, enfin, pour avoir une grande place d'entrepôt qui
« assurât les opérations ultérieures de la guerre. La place impor-
« tante de Maëstricht, réputée l'une des plus fortes de l'Europe,
« réunissait tous ces grands objets d'utilité ; le siége en fut
« résolu. »

Les places fortes, de plus,...... mais, il est temps, en vérité, de
clore cet examen, un plus grand développement n'étant point de
rigueur pour arriver à notre conclusion. Hâtons-nous donc de la
déduire.

Or, cette conclusion, la voici :

C'est que, sous quelque aspect qu'on les envisage, sous le rapport de l'*offensive,* ou de la *défensive,* les forteresses ont toujours
une importance réelle ; et que, loin d'être inutiles à la défense d'un
État, comme le prétendent leurs antagonistes, elles sont, au contraire, le plus ferme appui et la sauvegarde de leur indépendance.

Que si, des hommes d'un très-grand mérite se sont posés comme
les détracteurs des fortifications, à leurs noms, de quelque valeur
qu'en soit l'autorité, il est facile d'en opposer d'au moins aussi
puissants encore, et ceux de Vauban et de Napoléon peuvent, avec
juste raison, entrer dans la balance.

Quel meilleur témoignage, en effet, à invoquer, que l'opinion des
deux hommes les plus compétents en cette matière ?. . De Vauban,
qui a construit et réparé tant de places pour la défense de la
France !... de Napoléon, qui a ordonné un si grand nombre de travaux pour les places de guerre, et dont l'estime pour leur importance et la résistance qu'elles peuvent opposer, était telle qu'il

ordonnait à Carnot de rédiger une instruction spéciale, concernant les cours d'étude de l'Ecole d'application de Metz, pour rappeler aux militaires chargés de ces boulevards des Etats, la gravité de leurs fonctions et l'étendue de leurs devoirs !...

Et, pour que vous n'en ignoriez, je vous transcris ici les expressions mêmes de cette lettre, adressée de Schœnbrunn, le 1er octobre 1809, au ministre de la guerre, pour ordonner la rédaction de cet écrit :

« Il faut, à cette occasion, se récrier contre cette manie, qu'ont
« les officiers du génie, de croire qu'une place ne peut se défendre
« que tant de jours ; faire voir combien cela est absurde, et citer
« des exemples connus, de siége où, au lieu du nombre de ceux
« qu'on avait calculé devoir mettre à faire cheminer les parallèles,
« on a été forcé d'employer un temps bien plus considérable, soit
« par des sorties de la place, soit par des feux croisés, soit par
« tout autre espèce de retards que la défense de la place a fait
« naître. »

Je pourrais multiplier, au besoin, les citations empruntées à cette autorité la plus imposante, mais, je veux être bref, — je vous en ai prévenu, — et me bornerai à celle suivante, tirée des mémoires de ce grand capitaine ; et cela, encore, en raison de son actualité, car elle a rapport à la défense même de cette contrée, pour l'indépendance de laquelle la France sort de verser généreusement son sang :

« Appelée, dit-il, par sa position et l'étendue de ses côtes, à
« être la dominatrice de la Méditerranée, l'Italie n'aurait à craindre
« d'invasions que par les Alpes, plus faciles à défendre que tout
« autre frontière d'Europe. Une vingtaine de places fortes, grandes
« et petites, suffiraient pour intercepter tous les débouchés des
« Alpes (*Napoléon*. — Fragment de ses mémoires).

Terminons, enfin, cette appréciation de la valeur des places fortes par une citation, empruntée à Carnot, et qui résume à elle seule toute l'importance des forteresses :

« Lorsque Rome triomphante se voyait maîtresse du monde,
« lorsque ses armées, ou plutôt la profonde soumission de tous
« les peuples ne lui laissait rien à craindre, elle se fortifiait... non
« qu'elle eût peur, mais pour s'ôter tout sujet de craindre : afin
« que, si l'occasion s'en présentait, elle eût au moins une retraite
« au milieu d'elle-même, où elle pût se garantir des revers de la
« fortune et donner à la victoire le temps de se déclarer pour elle.

« Considérons, seulement, que le grand Alexandre vit sa fortune
« sur le point de l'abandonner devant Tyr, et que Rome victorieuse
« ne fit rien devant Numance.

« Quelque braves que soient les peuples, quelque infatigables
« qu'ils soient, s'ils n'ont pas de villes fortifiées, leur puissance

« tombe bientôt et l'on peut la comparer à ces masses prodigieuses
« qui, n'ayant rien de solide, se détruisent en peu de temps. C'est
« ce que l'expérience de plusieurs siècles prouve indubitablement.

« D'ailleurs, quand une fois la consternation s'est emparée des
« esprits, dans une armée, son ennemi la bat toujours en rase cam-
« pagne ; mais, trouve-t-elle un fleuve, derrière lequel son général
« puisse la camper ?... elle reprend courage, et repousse bientôt
« son ennemi...

« C'est ainsi qu'on arrête un vainqueur ; mais si l'on peut se
» jeter dans une bonne place... c'est alors que ce vainqueur cesse
« de l'être, et souvent blanchit !... Le vaincu a le loisir de re-
« prendre ses esprits : il le fatigue, et l'affaiblit par de fréquentes
« sorties, ou par des assauts vigoureusement soutenus, et il lui
« fait employer un temps considérable, pendant lequel il remet sur
« pied d'autres troupes et fait venir de puissants secours qui
« ruinent cet assiégeant, soit en lui coupant les rivières, soit
« en forçant ses lignes.

» Combien de grands capitaines ont échoué devant un château
« bien fortifié !! Combien de belles et puissantes armées se sont
« entièrement ruinées devant les remparts d'une citadelle !!...

» Elles ont alors à combattre, non seulement le soldat, mais
« les injures de l'air, le froid et le chaud, les pluies, les neiges,
« la disette, la maladie, le découragement, le désespoir !!...

» Qui ne sait les avantages que les Impériaux retirèrent de la
« prise de François Ier, qui ne tomba entre leurs mains, que parce
« que Pavie bien fortifiée et bien défendue, l'arrêta longtemps ?

» Charles Quint, presque toujours victorieux en rase campagne,
« trouva devant Metz les bornes de sa victoire et de sa fortune,
« et fut obligé de lâcher pied avec une perte très-considérable. »

Que pourrais-je ajouter à un tel plaidoyer ?.... Aussi, borne-
rai-je là ces preuves en faveur de l'utilité des places.

C'est à vous de m'informer si je suis parvenu enfin à porter
la conviction dans votre esprit. — J'ai dit.

VII.

Quelle action peuvent exercer les Canons rayés contre les fortifications ?

Le Bourgeois. — Mon cher professeur, on ne peut, sans contredit, que rendre hommage au zèle et aux efforts que vous
venez de déployer, et je suis le premier à proclamer que la démonstration à laquelle vous sortez de vous livrer avec tant d'ardeur,
est aussi méthodique, aussi développée que possible... Je le con-

fesse donc hautement : il faudrait avoir véritablement un bandeau sur les yeux, pour ne point se rendre à l'évidence des raisons que vous avez accumulées pour prouver l'utilité des places, *considérées d'une manière absolue.*

Mais, notez bien : que cette propriété, je ne la conteste nullement, et que je vous concède de grand cœur, au contraire, que les forteresses ont dû avoir une importance et une utilité réelles ; mais ce que je demande aujourd'hui, et ce sur quoi, jusqu'à présent vous ne m'avez nullement convaincu, — car il m'en coûte de vous l'avouer, vous n'avez point abordé franchement cette question qui domine toutes les autres, — c'est de savoir : si les forteresses, maintenant, en présence de la puissance des nouvelles armes, conservent encore leur utilité, vu l'état d'infériorité prononcé de la défense sur l'attaque.

Or, vous-même, vous vous êtes chargé déjà victorieusement de prouver : que, toutes circonstances égales d'ailleurs, et en dehors de cas tout particuliers, — comme l'arrivée d'une armée de secours, — toute place doit toujours et infailliblement finir par succomber, et que ce n'est là véritablement qu'une simple question de temps. Donc, si dans les conditions des armes employées jusqu'à présent à l'attaque des places, tel a été, et tel est le sort inévitable réservé à celles-ci, leur chute, par conséquent, ne doit être aujourd'hui, avec les bouches à feu de récente invention, que l'affaire seulement de quelques salves d'artillerie.

Cette conclusion, suis-je seul à la déduire, et direz-vous encore, cette fois, que ma frayeur a été exploitée par quelques plaisants ?... Rappelez-vous donc alors certain article de la *Revue d'Edimbourg,* — vieux déjà, il est vrai, d'une année, — touchant les armes rayées et la tactique moderne ; article analysé en son temps par le *Moniteur de l'armée,* et que vous avez dû nécessairement lire dans ce journal, quand j'ai été, moi, — que ces matières n'intéressent qu'indirectement, — un des premiers à en prendre connaissance.

Or, voici cette assertion émise par l'auteur anglais, assertion, malheureusement, entièrement conforme à celle à laquelle je suis fatalement arrivé tout-à-l'heure :

« En présence des nouvelles armes à feu, les places actuelle
« ment deviennent tout-à-fait inutiles, leur possession ne devant
« être achetée qu'au prix de quelques jours d'opérations, au moyen
« des feux dont on inondera toute la ville. » Est-ce clair ?...

Eh bien ! en doit-il être véritablement ainsi ?.., Là est toute la question que je vous avais posée : *that is the question,* pour parler le langage de nos voisins les Anglais, puisque aussi bien d'aventure, ce sont eux qui sont ici en cause ; question, — je vous le répète, — la source de toutes nos craintes et la seule qu'il s'agisse de résoudre, car elle est la clef de toutes les autres.

Pour mieux vous mettre à même d'en apprécier toute l'importance, il me suffira de vous citer un fait ; et celui-là, je ne l'emprunterai pas à une polémique et à un sol étrangers, mais à notre propre localité, car ce fait nous est particulier :

Notre place est entourée, presque de tous les côtés, et dans un rayon de 5 à 6 kilomètres, et plus, de hauteurs qui, sans être extrêmement élevées, la *commandent* cependant, — pour me servir de l'expression technique, que j'ai retenue de la conversation de gens du métier, — la commandent, dis-je, d'une manière assez prononcée. Or, ces hauteurs, qui n'étaient nullement dangereuses à cette distance, avant la découverte de ces infernales armes, aujourd'hui ne sont plus, pour celles-ci, quant à l'éloignement, que ce qu'eût été auparavant l'espace de quelques centaines de mètres, pour les anciennes.

De ces points, par conséquent, l'ennemi pourra nous foudroyer tout à son aise et réduire en cendres notre pauvre ville. Aussi, dit-on, — sans toutefois que je veuille me donner pour garant de ce bruit, dont je ne suis que le fidèle écho, — qu'il devient indispensable d'occuper ces hauteurs par des forts, et qu'on agite sérieusement ce projet.

Mais, ces forts, — et, ici veuillez pardonner cette observation à un misérable profane, — de quelle résistance seraient-ils donc euxmêmes devant ces épouvantables engins de destruction, et leur possession, achetée au prix de quelques volées seulement, ne deviendrait-elle pas, au contraire, pour l'ennemi, un établissement extrêmement avantageux, et à l'abri duquel il pourrait se livrer, avec beaucoup plus de facilité et de sécurité, aux opérations de notre attaque ?...

Vous le voyez, mon brave ami, nous tournons ainsi dans un véritable cercle de Popilius, et, semblables au triste roi d'Assyrie, il ne nous reste donc plus qu'à courber la tête et à nous soumettre : c'est-à-dire, que toute notre consolation consiste dans une pieuse résignation à assister à la ruine et à la destruction de notre place, et, en dernière analyse, à sa prise inévitable !...

C'est à vous, maintenant, ou de confirmer ces horribles craintes, ou de les dissiper, s'il vous est possible. Mais, pour Dieu ! plus de faux-fuyants ni d'abstractions.

L'Officier. — Mon cher ami, que vous êtes un terrible et opiniâtre joûteur !... Franchement, j'avais un peu plus présumé du résultat de la lutte, — et, s'il faut vous l'avouer, — dans la glorification de mon amour-propre, j'avais presque espéré en sortir triomphant de vos craintes et de vos doutes ; mais, puisqu'il faut de nouveau rentrer en lice, revêtons donc de rechef notre armure, et, la lance au poing, une fois encore, remettons-nous en arrêt.....

Attaquons donc de front cette fameuse question que vous me

posez si carrément, et que vous me reprochez, — mais non toutefois sans un certain vernis de précautions oratoires, et pour cause, — de n'avoir point abordée.

A vous dire vrai, j'étais loin de me douter de pouvoir être accusé de ce reproche, car il me semblait, loin de là, avoir répondu à cette question d'une manière générale, lorsque je vous avais fait observer précédemment : que, [quelles que fussent les armes employées à l'attaque, passées, présentes et futures, la défense saurait toujours y proportionner la force et la valeur des siennes.

Mais, puisqu'il faut y répondre directement et au cas particulier, eh bien ! exécutons-nous :

. Qu'on entend parfois de curieuses choses, mon vieil ami, quand certaines personnes viennent à discourir de matières auxquelles elles sont totalement étrangères; et, à combien d'ana, de coq-à-l'âne, de réflexions à la Calino, ces sortes d'entretiens ne donnent-ils pas lieu ! ! Faut-il ranger dans cette catégorie les propos que vous me rapportez en ce moment ? Par respect pour vous, je n'ose le faire, mais jugez, vous même :

Vous me mandez qu'il est question, dit-on — et ici vous prenez la prudente et sage précaution de décliner toute responsabilité, en m'informant que vous n'êtes que l'écho de ces bruits : — qu'il est sérieusement question d'occuper par des forts les hauteurs avoisinant votre ville, dans un rayon de 6 à 7 kilomètres, et plus, pour soustraire ces points à l'ennemi, et l'empêcher, de là, de foudroyer cette place, de la réduire en cendres et d'en entraîner la perte.

En vérité, mon cher ami, il faut que vous soyez bien peu expert dans les choses de la guerre, vous et ceux qui les premiers ont tenu ce langage, pour en accueillir si facilement de telles inductions !...

Croyez-vous donc qu'il soit véritablement indispensable à un ennemi, pour inonder de feux un point déterminé, incendier une place, et la couvrir de ruines, d'être absolument établi sur des hauteurs ?... Et, que diriez-vous, si je vous affirmais qu'on peut obtenir ce résultat avec presque tout autant de facilité et de certitude, placé derrière un monticule, au fond d'un vallon, ou sur le sol uni d'une plaine ?...

Pardon, si je vais me servir ici d'une comparaison, — un peu puérile, peut-être, — mais de nature, je crois, à mieux frapper votre esprit et à entraîner votre conviction.

Ne vous est-il donc pas arrivé, au nombre de vos jeux d'enfance, dans ces récréations si animées du collége, où chaque division, parquée dans une cour, se trouve séparée de celle de ses camarades par un simple mur, alors que vous vous livriez aux exercices de la paume ou de la balle, d'envoyer l'un de ces corps bondissants dans la division de vos voisins, ou d'en recevoir quelqu'un lancé par ces derniers ?... Or, cependant, il ne vous était pas permis de plonger les regards dans cette retraite de vos condisciples, puisqu'il existait entre vous une barrière épaisse et élevée... Eh bien ! ce que vous faisiez alors, rien n'est plus facile à l'artillerie que d'exécuter quelque chose de semblable, avec ses bouches à feu, et c'est ce qu'elle pratique journellement, au moyen de ses bombes et de ses mortiers, c'est-à-dire, à l'aide de tous ses feux courbes.

Mais vous, qui habitez une ville de garnison d'artillerie, vous n'avez donc point assisté aux écoles à feu de ce corps ?... Et, s'il vous est arrivé d'en être témoin, rappelez-vous alors ces courbes si pures, si correctes, tracées dans l'espace par ces énormes projectiles. . Rappelez-vous surtout à quelle élévation considérable ceux-ci parvenaient, avant de retomber verticalement sur le sol... Or, est-il bien nécessaire, je vous le demande, d'être situé sur des hauteurs, pour de là, envoyer une pluie de feu sur une place ?

Mais, peut-être, direz-vous, comment voulez-vous diriger vos coups et les lancer sur un point donné, si, celui-ci, vous ne le voyez pas ?... Ici, au moins, vous y gagnerez l'immense et incontestable avantage de plonger, de tous côtés, sur les endroits que vous désirez atteindre...

Oh ! ne vous inquiétez pas pour si peu, c'est là un véritable jeu pour l'artillerie ; car, elle n'a nullement besoin encore, pour parvenir à ce but, de dresser ses batteries sur des éminences ; et, de ses projectiles, elle peut frapper très-efficacement un objet quelconque, même sans l'apercevoir !

Ne criez pas au paradoxe, mais écoutez ; voici l'expédient si simple, à l'aide duquel on procède :

Des observatoires sont choisis de distance en distance, — tantôt un clocher, tantôt un abri élevé, tout point culminant enfin, — de manière à s'assurer où portent les coups, et des parties auxquelles ils doivent s'adresser; puis, d'après les indications fournies par les militaires préposés à ces postes, et pourvus, au besoin, de longue-vue, on dirige ou l'on rectifie le tir.

Demandez à quelques-uns des officiers de votre garnison, qui ont assisté aux siéges d'Anvers, de Rome, de Sébastopol, etc., comment ils en usaient, à cet égard, dans ces attaques... tous vous diront que c'est ainsi que cela se pratiquait : De deux heures en deux heures, plus ou moins, des bulletins étaient transmis, de ces observatoires, pour servir à continuer ou à rectifier le pointage, et le but indiqué était toujours invariablement atteint. Rien de plus simple, convenez-en.

Or, donc, vous le voyez, si l'on veut recourir à ce mode d'attaque, qui n'est autre chose qu'un véritable *bombardement*, il n'est rien moins qu'indispensable alors d'avoir recours, à cet effet, à des hauteurs environnantes , puisqu'on peut le mettre à exécution de quelque point que ce soit autour de la place, et quelleque soit aussi la configuration du terrain.

— Que devient donc ici, pourriez-vous dire, l'opinion précédente, émise par la *Revue d'Edimbourg*, et comment l'expliquerez-vous ?

— Rassurez-vous, mon cher ami, cette opinion n'offre rien de bien embarrassant, ni qui doive étonner, et il ne nous faudra pas chercher bien loin pour en trouver l'explication, car il suffira de vous prendre pour terme de comparaison... Oh ! je le sais, vous restez tout ébahi ; mais veuillez suspendre votre étonnement et écouter :

Supposons donc, un instant, que vous-même, — de votre profession, tranquille et heureux propriétaire, — vous échangiez pour un moment, — ce dont Dieu vous garde ! — votre position contre celle de publiciste, et que, dans cette situation actuelle d'esprit, que nous vous connaissons, vous soyez appelé à rendre compte de vos impressions touchant les armes rayées. Nous savons, de reste, ce qu'il en résultera, et point n'est besoin de traduire les pensées qui découleront de votre plume.

Eh bien ! ce qui arriverait alors, c'est ce qui advient dans ce cas à l'auteur de l'article en question, qui, sans aucun doute, entièrement étranger, comme vous, à ces sortes de matières, mais dominé par le prestige des propriétés de ces armes, en a fait découler, de la meilleure foi du monde, une foule de conséquences que n'a certes point entrevues l'auteur même de l'ouvrage analysé... Ici se produit un effet semblable à ceux que l'on remarque dans ces miroirs à surfaces concaves et à facettes diverses, qui, au lieu de représenter fidèlement l'image qu'ils sont appelés à refléter, la rétrécissent ou l'étendent, la brisent ou la multiplient à l'infini, et la déforment enfin de la manière la plus complète. Car, il ne viendra jamais à la pensée de personnes compétentes : que quelqu'un du métier puisse avancer sérieusement qu'une place est prise, par cela même qu'à trois ou quatre mille mètres on l'a inondée de feux et qu'on l'a couverte de ruines ! Donc, il ne faut pas ajouter à cette assertion plus de créance qu'elle n'en mérite réellement.

— Mais, pourquoi, m'objecterez-vous peut être encore, si ce genre d'attaque par bombardement a toujours présenté jusqu'ici tant de facilité à l'exécution, n'y a-t-on pas eu constamment recours à l'exclusion de tous autres, et comment expliquer votre incrédulité et votre opinion relativement à sa non certitude.

— Ici, mon cher ami, c'est une question qui s'écarte entièrement, sans contredit, de celle pendante actuellement, car nous n'avons point à faire, en ce moment, un cours complet de fortification et à examiner quel est, de tous les modes d'attaque, celui le plus favorable ; toutefois, comme cette question se rattache, par quelques points de contact, à notre sujet, et que, d'un autre côté, j'aurais

peur que vous ne vinssiez à penser que je ne l'évite que parce
qu'elle pourrait contrecarrer peut-être mon argumentation, je veux
bien en toucher quelques mots, en passant. Mais, je vous en pré-
viens, je serai aussi bref que faire se peut, car la nature même de
cet entretien me fait un devoir d'en resserrer le cadre le plus possible ; ne voyons donc ici qu'un sujet incident.

VIII.

Attaque des places fortes par bombardement. — Dans quelles circonstances a lieu ce genre d'attaque. — Ses effets.

L'Officier. — Le bombardement d'une place, c'est-à-dire son
attaque par le secours seulement de *l'artillerie*, et à l'aide des
moyens les plus violents et les plus destructifs, consiste : à dresser
tout autour de la forteresse, sur tous les points les plus favorables,
des batteries de mortiers, de canons, d'obusiers, et de fusées de
guerre, et à se mettre en devoir de *chauffer* vivement les fortifications, et particulièrement la ville, où doivent régner déjà le désordre
et la démoralisation. Les coups s'adressent, de préférence, d'une
part : aux établissements militaires, dans la vue d'obliger la place
à se rendre, en réduisant à cette extrémité la garnison, par la
perte de ses magasins et de ses munitions; d'autre part, aux constructions particulières et à tous les objets susceptibles d'être dé-
vorés par les flammes et de propager l'incendie, afin de livrer les
habitants au désespoir, par la frayeur et la crainte de la ruine totale
de leurs propriétés.

— Mais, c'est affreux ! direz-vous... les horreurs de la guerre
ne devraient s'adresser qu'à ceux qui en sont les instruments, et,
qu'ont à faire dans cette lutte, je vous prie, ces malheureux habitants et leurs propriétés ?... C'est là de la barbarie au premier
chef, et une véritable guerre de vandales et de sauvages ! !......

— Peut-être avez-vous raison... peut-être avez-vous tort...
tout ce que je puis vous dire à cet égard, c'est que cet avis,
assurément, n'est pas seul le vôtre, et qu'il est partagé par un
grand nombre de militaires mêmes : *Vauban, Bousmard, Darçon,
Carnot,* etc.

Toutefois, pour être juste aussi... je dois ajouter qu'il compte
un nombre non moins grand de partisans, dont voici le raisonnement : Qu'importe si ce mode d'attaque est, ou non, en parfaite
harmonie avec les lois de la philanthropie et de l'humanité ?... et
qu'ont à démêler ces sortes d'idées dans cette circonstance ? La
guerre, de sa nature, est-elle donc une étude de ces principes, et
son but final n'est-il pas, en somme, la cessation des hostilités ?
Or, qui veut la fin, veut les moyens ; et, plus les moyens sont

violents, plus ils seront efficaces, et plus, par conséquent, ils at-
teindront promptement leur but..............................

Telle est, soit dit en passant, la manière de voir des Anglais, et
quelque peu encore celle des Autrichiens ; aussi, le bombardement,
comme on le sait, est-il fort goûté naturellement de ces deux nations. Ce ne sont pas ces peuples, croyez-le bien, qui s'associe-
raient aux pensées suivantes de Bousmard :

« Actuellement, la politique croit devoir commander sans pitié,
« dans tout siége, sans distinction, cette opération destructive,
« dans l'espoir confus que dans les maux innombrables, qu'elle
« entraîne, il y en aura quelqu'un d'assez sensible, peut-être, pour
« avancer la reddition de la place.

« Déjà, les armées qui l'emploient, la confondent, avec l'art des
« siéges ; il y a même une langue d'Europe, où *bombarder une*
« *place ou l'assiéger* sont devenues synonymes, tandis que, autre-
« fois, dire qu'on *bombardait* une ville, voulait dire qu'on se bor-
« nait à la *bombarder*, et qu'on ne *l'assiégeait* pas. Bientôt on n'en
« connaîtra plus d'autre, et l'on aura complètement oublié qu'il en
« exista une aussi efficace que celle-ci l'est peu.

« Mais, heureusement, pour un succès que quelquefois elle ar-
« rache, cette affreuse méthode recueille cent échecs et s'en pré-
« pare mille... et toute place que sa garnison voudra réellement
« défendre, finira par devenir, pour l'ennemi, une barrière aussi
« impénétrable qu'elle le serait pour une armée de Tartares. »

Mais laissons-là ces considérations qu'il ne nous est point donné
de résoudre, et reprenons notre sujet ; aussi bien, j'ai hâte de vous
rassurer.

Calmez donc vos frayeurs, et suspendez le cours de votre indi-
gnation, mon brave ami, car : tout horrible, tout désastreux qu'il
soit, ce genre d'attaque, ainsi que viennent de vous le faire entrevoir les dernières réflexions du passage précédent emprunté à
Bousmard, est beaucoup moins à craindre qu'on ne le pense généralement ; et, le croiriez-vous ? il n'a véritablement chance de réus-
sir : qu'autant que la garnison est faible, mal commandée, mal
approvisionnée, et surtout animée d'un mauvais esprit... et aussi,
si elle n'entrevoit dans une capitulation qu'une anticipation de quelques jours sur la reddition de la place.

Mais, si les habitants ont du dévouement, et si la garnison est
décidée à faire son devoir, le bombardement tournera, sans doute,
au détriment de l'assiégeant, et n'aura réussi qu'à exaspérer les
assiégés et à redoubler leur esprit d'enthousiasme, de dévouement
et de nationalité. Leur résistance, même, sera telle, en présence
des monceaux de ruines et de la perte de toutes leurs propriétés,
que l'ennemi sera forcé de se retirer ; car, ce moyen, poussé à
fond, est si dispendieux, et si rarement praticable, que l'armée

qui l'a employé sans succès, se trouve hors d'état de rien entreprendre contre la place.

Sans doute on ne peut nier que le bombardement et les menace
ont réduit plus d'une forteresse... mais aussi, toutes les fois que
celles-ci ont été animées du véritable sentiment de l'honneur, de
leur devoir et du patriotisme, elles ont opposé une louable et opiniâtre résistance... et l'histoire est là pour enregistrer les belles
défenses soutenues par des places embrasées et presque détruites en
cendres par l'artillerie. La France compte, avec un noble orgueil,
plusieurs de ses villes qui ont à revendiquer cette triste gloire... et
il n'est nul besoin ici de vous les citer, puisque ces noms brillants:
Lille, Valenciennes, Thionville, etc., sont venus déjà, précédemment, s'offrir d'eux-mêmes comme exemples, sous votre plume.

En somme, mon cher ami, il est constant que l'attaque par le
bombardement n'est employée qu'autant que l'ennemi est dans
l'impossibilité de déployer des forces suffisantes pour former des
attaques régulières ; alors il croit devoir avoir recours aux menaces
et à l'intimidation, attendant de ces moyens la reddition de la place,
tant sont puissants sur les esprits les effets de la frayeur !

Mais laissons parler, à ce sujet, les autorités en cette matière :

« Quelque grands que soient les désastres dus à un bombarde-
« ment, remarque le général d'Arçon, on peut cependant parve-
« venir à en atténuer les effets, et ceci n'est plus que l'affaire de
« la défense, qui devra s'entourer de toutes les précautions néces-
« saires à cet égard. Mais, en supposant, même, que ces désastres
« fussent aussi considérables que possible, comme les bombarde-
« ments ne sauraient faire brèche aux murailles de la place, ce ne
« peut être un motif pour la rendre. Il est vraisemblable, au con-
« traire, que celui qui bombarde une ville, ne le fait que parce
« qu'il n'a pas le temps de s'arrêter, ou les moyens de faire un
« siége en règle.

« Les places de *Willemstadt* et de *Breda* (Pays-Bas) étaient
« attaquées en même temps par deux généraux d'opinions diffé-
« rentes sur les moyens de résoudre les siéges : l'un, voulait tout
« brûler en arrivant ; l'autre, tout ménager, excepté les fortifica-
« tions et le moral des défenseurs. Le premier, crut jeter l'épou-
« vante en débutant par tout incendier... Cela fait, il ne lui resta
« plus rien à faire : tout le désastre possible était consommé, et les
« défenseurs ne pouvant plus être affectés du grand mal de la peur,
« s'aperçurent que leurs fortifications étaient entières... Dès ce
« moment, ils méprisèrent des feux qui, ultérieurement, ne pou-
« vaient plus être qu'impuissants.

« Le second, fit valoir en *menaces* le peu de moyens qu'il avait,
« et surtout... ceux qu'il n'avait pas ; il supposa que les fantômes
« de la peur, l'imagination frappée de terreur sur des désastres

« seulement annoncés étaient infiniment plus puissants sur des
« têtes faibles, que n'eussent été les désastres eux-mêmes, à quel-
« ques excès qu'on fût en état de les porter...

« Enfin, le premier, qui avait tout saccagé de loin, fut obligé de
« lâcher prise ; et le second, qui avait ménagé les habitants,
« réussit. »

Laissons parler maintenant un autre ingénieur :

« Ceci soit observé, remarque Carnot, que ces ressources de
« brûlures, prétendues si puissantes, pourront bien passer de mode,
« d'autant plus promptement encore, lorsque les moyens de remé-
« dier à ces désastres seront accrédités, et que l'on sera bien
« pénétré que ce moyen d'attaque n'est le plus souvent employé
« que pour impressionner vivement les esprits et obtenir de
« la crainte ce qu'il eût été entièrement impossible d'obtenir
« par la force.

« Dans le cours des guerres de la révolution, nous employâmes
« souvent ainsi les menaces et le bombardement, lorsque nous
« manquions de moyens réels.

« L'exemple le plus saillant de l'effet de ces menaces est celui
« qui nous rendit les quatre places de : *Valenciennes*, *Condé*,
« *Lequesnoy* et *Landrecies*, qui nous avaient été prises par les
« ennemis :

« Après la bataille de *Fleurus*, gagnée le 8 messidor, an II,
« l'ennemi étant repoussé au loin, nous formâmes sur-le-champ le
« blocus des quatre places tombées en son pouvoir, et qui faisaient
« la trouée. Celles de *Landrecies* et du *Quesnoy* furent bientôt
« enlevées par des attaques régulières. . mais, il restait les plus
« difficiles et les plus importantes : *Valenciennes*, surtout, qui
« avait été parfaitement réparée par l'ennemi, complètement ap-
« provisonnée, renfermant une forte garnison et une immense
« quantité d'artillerie. Nous n'avions, de notre côté, aucun des
« moyens nécessaires pour former un siége régulier : à peine pou-
« vions-nous maintenir le blocus ; le matériel nous manquait abso-
« lument ., et cependant, il était de la plus haute importance pour
« nous de reprendre ces places au plus tôt, pour renforcer de ces
« troupes qui formaient le blocus, l'armée active qui faisait tête
« aux ennemis, et qui avait grand besoin de secours. C'est dans
« ces circonstances que nous nous déterminâmes à *sommer* les gar-
« nisons de ces places, de se rendre à discrétion : les menaces
« étaient d'autant plus violentes que nous étions moins en mesure
« de les exécuter.

« Ces places se rendirent ; les garnisons furent faites prison-
« nières : tout le fruit des campagnes employées par l'ennemi, pour
« s'en emparer, fut perdu pour lui en un moment ; la trouée fut
« rebouchée, nos détachements rejoignirent l'armée, et nous

« eûmes, dès-lors, sur les forces coalisées, un ascendant qui s'est
« constamment soutenu.

« Voici un autre exemple que fournit encore la suite des évène-
« ments de la même guerre ·

« En 1795, nous cherchions à faire un passage sur le Rhin, et à
« nous procurer une tête de pont sur la rive droite, qui était tout
« occupée par l'ennemi, tandis que nous avions la rive gauche...
« Nous fîmes simplement établir une batterie de mortiers, sur les
« bords du fleuve, vis-à-vis de *Manheim*... Nous pensâmes que
« cette ville, quoique bien fortifiée suivant les principes de *Coëhorn*,
« ne tiendrait pas contre le bombardement, pace qu'elle renfermait
« beaucoup de beaux édifices, qu'on ne voudrait pas laisser dé-
« truire. Et, en effet, à peine les batteries eurent-elles commencé
« à jouer, que la place se rendit, ce qui nous procura une magni-
« fique tête de pont. »

Je pourrais ainsi, mon cher ami, multiplier longuement les faits
de cette nature, mais je n'en citerai plus qu'un seul, emprunté aux
guerres de Louis XIV, afin de vous faire voir, par un exemple remontant à une telle époque, que de tout temps les effets du bombardement, ou plutôt des menaces, ont toujours été les mêmes.

« En 1702, lorsque le maréchal de Villars, qui était parti de
« l'Alsace pour aller rejoindre l'électeur de Bavière, arriva près
« de Kintzingen, il fit sommer la garnison de mettre bas les armes,
« sous peine d'être passée au fil de l'épée, déclarant que si elle
« osait tirer un seul coup, tout serait mis à sang et à feu dans
« la ville.

« Le commandant, intimidé par ces menaces, se rendit sans
« coup férir... On trouva dans la ville, qui était bien fortifiée, une
« nombreuse artillerie et beaucoup de munitions de guerre et de
» bouche.

« M. de Villars dit aux officiers généraux, en partant de Kintzin-
« gen : Avouez, messieurs, que si cette place ne se fût pas rendue,
« il nous eût été impossible de la prendre, n'ayant pas de canon,
« et nous n'aurions pu, par conséquent aller plus loin. »

Je ne puis mieux, maintenant, terminer cette appréciation de
l'attaque par bombardement, que par ces quelques réflexions, ci-
après, dues à la plume du même ingénieur que nous avons déjà
tant et tant de fois invoqué. Relatives, il est vrai, à la reddition
prématurée des places, en général, elles n'ont pas trait ainsi directement au cas agité en ce moment, cependant elles ne s'en rap-
portent pas moins ici, par un certain point, à notre sujet.

« Lorsqu'on réfléchit, dit Carnot, sur la consommation d'appro-
« visionnements en tout genre qu'exige un long siége, à la difficulté
« des transports, aux maladies qu'occasionne l'arrière saison, on
« conçoit combien est fâcheuse et coupable une reddition pré-
« maturée.

« Il est très-rare, en effet, que l'assiégeant puisse rassembler
« tout le matériel qui lui est indispensable ; et même, lorsqu'il en
« aurait les moyens, rarement le fait-il, parce qu'il compte sur le
« peu de fermeté des défenseurs. Il n'a, souvent, ni assez de troupes
« pour l'armée de siége, ni armée d'observation ; et, dans le cours
« de la guerre de la révolution, il n'y a peut-être pas eu un seul
« exemple d'un approvisionnement complet pour attaquer.

« Cependant, il ne faut, dans ce cas, qu'un peu de tenacité, car
« l'ennemi ne peut attaquer que mollement ; ses moyens souvent
« sont épuisés avant qu'il soit parvenu à la moitié de ses tra-
« vaux ; il fait *sommer* la ville avec de grandes menaces, prêt à
« s'en aller lui-même si on lui montrait une ferme résolution. Mais,
« il a compté sur la faiblesse et l'ignorance des chefs, et il réussit
« à leur faire signer une capitulation d'autant plus honteuse, réel-
« lement, qu'elle est conçue en termes plus honorables ; car c'est
« précisément parce qu'il sent qu'on peut se défendre encore, et
« lui faire lever le siége, qu'il accorde tout ce qu'on veut. »

Mais il est temps de mettre un terme à ce sujet, sur lequel je ne
me suis tant étendu, — quoique j'en aie dit d'avance, — qu'entraîné malgré moi par le désir de mieux porter la conviction dans
votre esprit.

Résumons-nous donc, mon cher ami :

De tous ces faits, il en doit cette fois, si je ne m'abuse, résulter
pour vous la preuve irrécusable : que, dans le cas actuel, votre ville,
quant à sa prise, n'a pas beaucoup plus à redouter de la présence
de ces hauteurs, que par le passé, puisque ces dernières ne peuvent
donner lieu qu'aux mêmes effets que ceux que nous venons d'en-
visager dans un bombardement ; partant, ne vous préoccupez donc
plus tant de ces terribles éminences...

Certes, vouloir nier que celles-ci n'aient point aujourd'hui
une action manifeste sur cette place, serait une véritable hérésie ;
mais de là, à affirmer qu'elles doivent en entraîner infailliblement
la chute, il y a toute la distance d'un monde entier.

Ici, tout simplement, se produit un incident qui déjà trouve son
antécédent dans la fortification : celui relatif à la proximité des
hauteurs dominantes.

Dans les premiers jours de la fortification bastionnée, on redou-
tait, en effet, considérablement le voisinage de ces éminences, et
les anciens ingénieurs recommandaient même expressément de ne
point fortifier un lieu dominé à la portée du canon ; « car, disaient-
« ils, quoique vous fassiez, vous ne ferez jamais, sur un aussi
« mauvais fond, que de mauvaise fortification. »

Mais, c'est qu'alors ces ingénieurs étaient ignorants de l'art du
défilement, c'est-à-dire, de ces savantes et habiles dispositions au
moyen desquelles une fortification doit être organisée pour la ga-

'rantir des vues des hauteurs dominantes, et pour dérober aux coups de l'ennemi hommes et matériel placés sur le rempart.

Or, il est prouvé qu'au moyen du défilement, une fortification peut être *dominée*, autrement dit, assise sur un terrain inférieur à celui de ses approches, sans qu'on soit vu ni plongé du dehors dans son intérieur, et sans que son revêtement d'escarpe soit battu, avant que l'assiégeant soit établi sur la crête de son chemin-couvert.

Ces hauteurs mêmes, bien défilées, et qui paraissent si dange-reuses, présentent souvent un avantage à la place : celui de mettre l'ennemi dans l'impossibilité de cheminer sur leurs pentes , car l'exécution des *sapes* devient impraticable sur toute inclinai-son qui approche de 40°. Celle-ci, en effet, est-elle assez douce pour pouvoir y cheminer ? les travaux de l'ennemi y seront facile-ement atteints par les coups de la place, qui, tirés d'écharpe par-dessus le parapet des tranchées, iront en atteindre les revers, et même l'intérieur, dans leur partie élevée. Cette inclinaison, au con-traire, est-elle rapide ? tout le cheminement alors exige, pour ne point y être vu par l'assiégé , une profondeur considérable. Il pourra en résulter, en outre : que le derrière des tranchées soit plus élevé que le parapet, et qu'un grand nombre d'obus et de boulets à ricochets, qui manquent sa masse , rencontrent le revers de la tranchée et retombent dans cette dernière ; puis encore, même que des bombes, tombées au-delà de la tranchée, roulent sur la pente de l'escarpement et retombent également dans ce logement : faits qui se sont produits maintes fois, et notamment au siége du château de Burgos, en 1812 , où les sapes présentaient jusqu'à 2 mètres de profondeur, tandis que la largeur se trouvait réduite à 2 mètres seulement.

. . . .

Il peut donc arriver, comme vous pouvez en juger par cette dis-sertation, — un peu longue peut-être, mais dont vous comprendrez tous les motifs, — il peut, dis-je, arriver souvent le contraire de ce qu'on croit vulgairement, à savoir : que la place *dominée*, mais *défilée* convenablement, prend de l'avantage sur le lieu dominant, ou au moins sur celle de ses pentes qui descend vers la place.

Donc, il doit ressortir pour vous, mon digne ami, de ces expli-cations, cette rassurante conclusion : que ces terribles éminences, en général, ne sont point toujours aussi redoutables qu'on est tenté de l'admettre, puisque là, — abstraction faite du tracé de la for-tification qui n'est nullement ici en cause, et, qu'il ne s'agit ni d'at-taquer, ni de défendre, — là, en somme, se rencontre tout sim-plement une question de défilement. Sans contredit, on ne peut se le dissimuler, cette question, dont la sphère se trouve aujourd'hui nécessairement agrandie, et qui, au lieu d'être resserrée simplement, comme par le passé, dans un rayon de 12 à 1500 mètres, devra s'exercer peut-être jusqu'à 3 à 4000 mètres, — ne laisse pas que d'être extrémem nt grave, ardue, et difficile ; mais, rassurez-vous, en est-il bien d'insoluble pour l'arme savante à qui elle incombe ?...

Quoiqu'il en soit, donc, et la science militaire aidant, vous devez puiser, dans cet exposé, cet enseignement, certain que vos préoccupations à ce sujet n'ont pas plus de raison d'être aujourd'hui que précédemment.

Mais il me semble voir ici un certain sourire d'incrédulité se dessiner sur vos lèvres, et y imprimer en gros caractères cette pensée transparente qui se reflète sur tous vos traits :

— Vous ne me persuaderez jamais, quoique vous en disiez, que de ces hauteurs, — braquées sur nos murailles, — ces nouvelles bouches à feu, avec leur portée incommensurable, n'en entameront point les maçonneries.....

— Eh bien ! je vous le concède de grand cœur, c'est un fait possible... très-probable même... mais après ?...

— Comment !... et après !... Vous êtes étonnant, en vérité, mon intrépide ami !...

— Mais non, je le répète, avec intention, voire même, avec raison : et après ?...

Sans nul doute, il pourra fort bien se faire que, de ces points, vos remparts soient labourés par les projectiles de l'ennemi, et ce danger surtout, sera d'autant plus grand que votre fortification sera plus *fichante*, c'est-à-dire, telle : que ses feux, partant de plus haut, viennent *ficher* ou se loger dans le glacis en avant, au lieu d'en raser la surface. Et certes, alors la fortification *Allemande* aura beaucoup plus à souffrir que celle *Française*, de la nouvelle invention de ces fameux canons rayés.

Bien plus, chose non moins grave! il pourra fort bien advenir, en outre, que, de ces hauteurs, vos revêtements sillonnés des coups redoublés des batteries ne finissent, à la longue, par s'écrouler dans le fossé... Tous ces faits, je les admets comme possibles, comme constants, même... mais je le répète de nouveau : et, après ?...

Croyez-vous donc, mon pauvre citadin, que votre place est inévitablement prise, par cela seul qu'elle a été ouverte, en quelques endroits, de 2 à 3 kilomètres de distance... et plus encore, si vous le voulez ?...

Mais, elle n'en est réellement qu'aux premières opérations de l'attaque, aux véritables préludes..., et, elle ne court pas, peut-être, beaucoup plus de risques, à cette heure, qu'à l'ouverture du siége... Réfléchissez donc, en grâce : que la difficulté principale n'est point de pratiquer une ouverture dans une place, mais de s'y introduire... Or, que de dangers, de travaux, de combats, avant d'arriver à ce résultat ! !...

Car, cette brèche que vous avez ouverte .. pensez-vous qu'elle soit praticable ?... Croyez-vous, qu'opérée de si loin, elle présente une rampe suffisante pour monter à l'assaut ?...

Mais, admettons cette hypothèse même, encore, — ce qui est contre toutes les règles de la probabilité, — pensez-vous que vous serez suffisamment en état de livrer cet assaut ?... Et ne savez-vous donc pas qu'il faut franchir, à cet effet, un fossé profond, — peut-être, en outre, plein d'eau, — triompher auparavant d'un large corridor ou *chemin-couvert*, qui borde ce dernier ? Comment vaincre ces obstacles ?...

Toutefois, admettons de nouveau, — car je ne puis vous faire la part plus belle, — que nous n'ayons point à nous préoccuper de ces dernières difficultés, et qu'il ne s'agisse plus maintenant que de procéder à l'assaut.

Croyez-vous donc encore, mon vieil ami, qu'on va se présenter de la sorte à découvert... affronter les mille et mille feux de la place, l'espace durant d'une si longue distance à franchir ? Ne serait-ce point se livrer ainsi follement aux fourches caudines de l'ennemi et s'exposer infailliblement au plus terrible insuccès ?. . Compulsez, je vous prie, quelques annales militaires, et voyez ce qu'il est advenu aux malheureuses colonnes toutes les fois qu'elles ont été appelées à tenter une *insulte*, à quelques centaines de mètres... Exemples funestes, hélas ! produits par la plupart des troupes qui ont affronté cette épreuve, et dont fourmillent les fastes de tous les temps, de toutes les nations, depuis l'échec de François Ier, au siége de Pavie (an 1524), jusqu'à ceux révélés, en trop grand nombre, par l'histoire moderne !!... Qu'adviendrait-il, grand Dieu ! si pour la distance à parcourir dans cette entreprise, il fallait compter par kilomètres !...

. . . .

C'est pour tous ces motifs, et bien d'autres encore, mon cher ami, que je vous passe sous silence, que lorsque l'on veut sérieusement s'emparer d'une place, il faut, de toute nécessité, procéder par un siége méthodique, ou autrement dit, *en règle*, le seul qui puisse mener avec certitude au résultat désiré.

Or, si vous possédiez quelques notions de ce mode d'attaque, vous n'eussiez point donné carrière si gratuitement, comme vous l'avez fait, à toutes vos craintes chimériques, car vous eussiez reconnu : que ce résultat, — qui, sans doute, presque toujours, finit par être atteint, — ce n'est qu'au prix d'une succession continue et indispensable de travaux, longs, difficiles et périlleux qu'on parvient à l'obtenir.

Que ne puis-je, en quelques mots, vous retracer la série des nombreuses opérations qu'il nécessite. Mais un apologue, emprunté à *Bousmard*, et rapporté avant lui, par *Blondel*, à l'occasion du siége de Rhodes, par Soliman II (an 1521), vous en fournira peut-être la juste idée ; toutefois, laissez-moi, auparavant, reprendre un peu haleine.

IX.

Aperçu des principales opérations d'un siége en règle. — Avantages de cette sorte d'attaque. — Conclusion concernant l'action des CANONS RAYÉS contre les fortifications.

L'Officier. — Voyons donc l'apologue en question :

« J'ai lu quelque part, dit notre auteur, que quand le grand
« visir *Koproli* (ou *Kiuperli*) eut chargé son fils du siége de
« Candie, celui-ci, après les premières tentatives pour s'approcher
« de la place, rebuté, lui envoya un ingénieur pour lui repré-
« senter les difficultés de l'entreprise, et l'impossibilité qu'il voyait
« à les surmonter. Le visir écouta patiemment, et tant qu'il vou-
« lut parler, l'envoyé de son fils…. puis, quand il eut achevé….
« pour toute réponse : avance jusqu'à moi, lui dit-il ; mais garde-
« toi ! — il y va de ta vie, — garde-toi bien… de mettre le pied sur
« le tapis au milieu duquel tu me vois assis !… Et, sans lui laisser
« le temps de se remettre du cruel embarras où le jetait cet ordre
« extraordinaire, il fit signe à deux esclaves de rouler l'ample
« tapis jusqu'à ses pieds. — Approche maintenant sans crainte,
« dit-il de nouveau à l'ingénieur…. Voilà toute ma réponse….
« porte-la à mon fils. »

Cet apologue, mon cher ami, est une peinture allégorique, fidèle, de ce qui se pratique dans un siége en règle. L'assiégeant, en effet, ne se présente aux vues de la place, et sur son terrain, — du moins à bonne portée des armes, — qu'en roulant quelque peu du tapis devant lui : en se couvrant par des retranchements susceptibles d'une assez grande résistance, auxquels on donne le nom générique de *tranchées* ou *sapes*, et celui particulier de *boyaux* ou *zigzags*, et de *parallèles*, suivant leur destination et leur emploi. Ce ne sont autre chose, en somme, vous le savez, que des espèces de chemins, pratiqués au travers du sol, et dont la terre, résultant de leur excavation, rejetée en avant, fait fonctions de parapet.

C'est sous la protection de ces espèces de retranchements, que l'on dirige de telle sorte qu'ils échappent à l'enfilade des feux de la place, — d'où leur tracé en *zigzags*, — que l'on s'avance successivement jusque sous les murs de celle-ci, soutenu, d'une part : par l'artillerie, placée en arière, et qui a dû faire taire celle ennemie ; d'autre part, par l'infanterie placée dans les parallèles ou *places-d'armes*, et qui a pour mission de repousser les *sorties* et de protéger les travailleurs.

Une fois parvenu à quelque distance du fossé, l'artillerie alors vient prendre place de manière à pouvoir faire crouler, par l'effort du canon, quelques parties des revêtements, et sur une hauteur telle, que ceux-ci en s'écroulant, puissent déjà former un commencement de rampe commode pour le franchissement. A défaut du canon, ou si les circonstances l'exigent, — cas extrêmement rares, — on a recours, à cet effet, à l'action des mines.

Dans cet intervalle de temps, le génie pratique des passages souterrains, qui conduisent, par une pente facile, à la rampe de la brèche ; puis, ces travaux terminés, c'est à cette époque que le signal de l'assaut est donné, et que des colonnes serrées débouchent simultanément des conduits souterrains, se précipitent en masse dans le fossé, de là, se ruent à l'instant sur la brèche, et se prennent corps à corps avec l'assiégé.........................

Tel est, mon cher ami, le panorama à vol d'oiseau, des principales opérations d'un siége ... Mais, tout restreint que soit ce tableau, il a dû, ce me semble, suffire pour former maintenant votre opinion, et vous convaincre que les places n'ont pas plus à craindre aujourd'hui, pour leur prise, de l'emploi des nouvelles armes, que par le passé.

— Etes-vous bien, effectivement, véritablement convaincu ?...

Quoi ! si je ne me trompe, quelques traces de doute se peignent de nouveau sur votre visage.... Or, il nous faut déraciner jusqu'au moindre soupçon, jusqu'à la plus petite incertitude de nature à troubler encore votre esprit. Ayons donc recours alors à notre extrême ressource, à notre dernier argument.... En avant, la réserve !... En avant, la garde !...

Il est un fait constant, et prouvé par l'histoire militaire de tous les peuples : c'est, qu'une arme n'a pas été plutôt employée pour la première fois par une nation, que toutes les puissances adverses, si elles en ont reconnu l'efficacité, en ont aussitôt adopté l'emploi. Ce fait, on le voit se produire, lors de l'application des mines à l'attaque des places, dont la défense s'est emparée avec succès ; puis, dans l'artillerie à feu substituée à celle névro-balistique, et qui, à peine adoptée par la défense, passa peu à peu aux mains de l'attaque ; c'est ce qui se remarque encore de nos jours à l'endroit même de ces fameux canons rayés.

C'est là, au reste, la loi du progrès ; et cette loi, en somme, est celle qui régit toutes les productions d'ici bas ; à ce titre, donc, sa présence devait toujours se révéler dans les arts de la guerre. Nous ne pouvons mieux faire, pour en justifier l'application à la question qui nous intéresse, que de consigner ici les observations ci-après, empruntées à un ouvrage que nous ne saurions trop citer, en raison de l'analogie de ces observations avec les circonstances dont il s'agit.

« Si, en terminant, ce livre, nous jetons un coup d'œil en

« arrière, pour avoir une vue d'ensemble qui nous permette de
« juger l'influence déjà exercée par les armes à feu sur la guerre
« de siége, nous reconnaîtrons que l'invention et les progrès de
« l'artillerie ont amené, par des transformations successives, une
« révolution complète dans la fortification, dans l'attaque et la
« défense des places. Il n'y a plus rien de commun, si ce n'est le
« but, entre les procédés employés à l'époque où nous sommes
« arrivé (17ᵉ siècle), et ceux que nous avons décrits au commen-
« cement de ce livre (14ᵉ siècle). Il est à remarquer : que si la for-
« tification est devenue de plus en plus compliquée et de plus en
« coûteuse, elle est pourtant parvenue jusqu'ici à mettre la défense
« en état de lutter sans infériorité contre l'attaque. A la fin du
« règne de Louis XIII, la prise d'une place fortifiée par tous les
« moyens en usage n'était rien moins qu'assurée, tant que la gar-
« nison conservait des munitions et des vivres. Il y avait donc à-
« peu-près équilibre entre l'attaque et la défense ; il n'en sera plus
« ainsi dans la période qui va suivre, où nous verrons l'art de
« l'attaque acquérir sur la défense une supériorité qu'il a conservée
« jusqu'à nos jours. C'est à la France que reviendra l'honneur de
« ces nouveaux progrès. » (*Etudes sur le passé et l'avenir de
l'Artillerie*).

Or, en nous pénétrant de ces pensées et de ces instructions, est-
il besoin de beaucoup réfléchir, pour en tirer cette déduction
inséparable : que ces horribles canons rayés, que ce terrible
épouvantail dont vous redoutez tant la puissance aux mains de
l'attaque.... cette dernière, toutefois, n'est point seule à s'en servir.... et, que la défense, à son tour, peut, et va nécessairement en
faire un égal usage ?... N'est-ce donc point ici la véritable histoire
de la lance d'Achille qui se charge elle-même de guérir les bles-
sures qu'elle a faites? Et, qui sait, même ?... Est-il quelqu'un qui
pourrait réellement affirmer, sans être taxé de témérité : que, dans
cette application mutuelle des nouvelles armes, l'avantage doive en
rester infailliblement à l'attaque ?... Je vous avouerai, quant à moi,
avoir entendu certains militaires se permettre fort d'en douter,
et d'autres, aller plus loin encore, et ne point hésiter à émettre une
opinion contraire.... Or, les raisons qu'invoquent ces derniers, ne
manquent point, peut-être, de quelque valeur :

A n'examiner seulement, disent-ils, que les premières opérations
du siége, et laissant de côté celles de la dernière période, n'y
trouve t-on pas un immense surcroît de difficultés ?... La construction des lignes, par exemple, sera-t-elle même possible ?... Car, si
déjà l'on se décidait à s'en affranchir, dans les conditions précédentes des armes employées jusqu'à nos jours, eu égard au nombreux développement de retranchements qu'elle nécessitait, et
alors que leur éloignement de la place se bornait, pour la *contreval-*

lation, — celle la plus près de la ville, — à 2400 mètres, combien sera-t-on encore beaucoup plus fondé à s'en dispenser, pour leur établissement à une distance qui devra être bien plus reculée ?... Mais, si vous supprimez ces lignes, quelle sécurité vont vous présenter vos camps ?

Admettons cependant la suppression de la *circonvallation,* et de la *contrevallation,* puisque, aussi bien, il arrive souvent de s'en abstenir.... et l'on sait, au prix de quels détriments pour l'attaque, et de quels avantages pour la défense !... Car, comment maintenant empêcher le ravitaillement de la place et l'entrée des secours ?... difficulté qui va grandir en raison de l'éloignement auquel va être obligée de se tenir votre armée d'observation. Toutefois, passons encore.... Mais vos camps, vous ne pouvez plus les établir à ces distances : *minima* de 2,400, et *maxima* de 3,000 mètres, que sous peine de les exposer inévitablement ainsi à tous les feux de la place ? Force vous est donc de les reculer beaucoup plus loin, et avec eux aussi, les *dépôts de tranchées;* puis, avec ces derniers encore, l'emplacement sans doute de la première *parallèle* et de celles suivantes.

Dans ce cas, alors, quel immense développement, en plus, de travaux d'une exécution si lente, si difficile ! Quelle surface de terrain à parcourir, avant d'arriver sous les murs à battre!... Par conséquent, que de luttes, de combats, de dangers!!.... Et ces *têtes de sapes,* déjà si périlleuses de leur nature, comment les soustraire, aujourd'hui, à l'action si puissante de ces projectiles incendiaires, d'une précision effrayante ?. .

Vous voyez, mon cher ami, par ces quelques objections, — qui ne portent que sur un petit nombre d'opérations de siége, — que tout le monde n'envisage point de la même manière que vous, cette nouvelle phase dans laquelle va entrer forcément la fortification, puisque certaines personnes, loin de la considérer comme devant être préjudiciable à la défense, pensent, au contraire, qu'elle pourrait très-bien plutôt lui être favorable.

Peut-être, aussi, dans cette divergence même d'opinions, pourrait-il se faire que vous trouvassiez l'explication de ce langage si énigmatique, qui vous a si fort intrigué, — et non moins effrayé, — alors que sous l'empire de toutes vos craintes, vous alliez partout, à ce sujet, quêtant l'opinion des hommes de guerre.

Toujours est-il, là est une question d'une extrême gravité, dont il est impossible de sonder les profondeurs, et dont le temps seul et l'expérience, ces deux grands maîtres en toutes choses, se chargeront de nous donner la solution.

Quoiqu'il en soit, le moment est arrivé, je crois, de clore les débats; car, — modestie à part, — l'examen détaillé auquel nous venons de nous livrer, doit être au moins suffisant pour former une conviction ; et une plus longue discussion, je le pense, n'y pourrait plus rien ajouter.

Il est donc temps maintenant de nous résumer définitivement et de répondre catégoriquement aux deux questions objet de votre demande.

Eh bien ! puisque vous me faites l'honneur de vouloir connaître mon opinion à ce sujet, — quoique déjà elle doive vous être révélée , et de reste, par les divers exposés qus je vous en ai donnés partiellement, — néanmoins, heureux de satisfaire à vos désirs, je vais ici, afin de la rendre plus complète et plus positive , la reproduire d'une manière collective, en forme de conclusions finales...

Oui, mon cher ami, les *places fortes* sont encore plus que jamais nécessaires, et peut-être pourrait-on ajouter, — sans craindre de trop s'avancer, — qu'elles conserveront probablement indéfiniment leur raison d'être, car les forteresses, ainsi qu'il a été démontré plus haut, ont des propriétés indépendantes des temps et des armes.

Quant à l'action des *canons rayés*, sur les fortifications :

Sans aucun doute, nul ne peut nier la puissance formidable de ces nouvelles armes, puisqu'elle est inhérente à leur nature même ; mais, quelle qu'elle soit, il n'est rien moins qu'avéré qu'elle puisse exercer une influence majeure sur la durée du siége, — du moins, en réduire la longueur, et hâter la reddition de la place, — le remède se trouvant à côté du mal , dans l'emploi de ces mêmes armes par la défense.

Donc, les autres conclusions , il vous sera extrêmement facile de les déduire vous-même ; car il appert clairement, je crois, de ce qui précède : que vous n'avez point aujourd'hui, pour vous inquiéter sur le sort à venir de votre ville , de raisons plus puissantes, plus considérables que par le passé. Dormez donc, par conséquent, comme précédemment, sur l'une et l'autre oreilles... recouvrez votre heureuse sérénité, et recommencez à jeter sur vos immeubles, comme autrefois, ce regard de béatitude et d'extase, privilége exclusif du véritable propriétaire.

Et maintenant, mon cher ami, si malgré tous mes efforts, et dans l'exercice de ce rôle,—peu modeste peut-être, - que j'ai usurpé, je viens à acquérir la pénible certitude que toute cette polémique n'aboutissant qu'à un échec, vous laisse avec toute votre incertitude et votre doute , ... ! déposant alors, de grand cœur, cette robe endossée si inutilement, et confessant humblement toute mon impuissance et mon inexpérience, je vous renvoie à d'autres connaissances plus profondes, et surtout à des mains plus habiles et beaucoup plus exercées.

Dixi.

X.

Ce qu'il faut penser de certains récits fabuleux.

Le bourgeois. — Victoire ! mon ami..., victoire sur toute la ligne !... car, grâce à votre chaleureuse et puissante dialectique, la lumière a lui !... aussi brillante, aussi étendue, aussi complète que possible !... Que parlez-vous donc de déposer cette toge qui m'a si puissamment servi !... Ah ! gardez-la, je vous prie.... gardez-la, car j'ai besoin encore de recourir à vos lumières et à votre complaisance.

Moi... indécis !... moi... inaccessible à vos arguments !... mais, telle est, au contraire, aujourd'hui, ma confiance parfaite et illimitée, que j'en suis arrivé, en ce moment, à la réalisation de cet espoir que j'avais manifesté précédemment ; car, ces pauvres canons, autrefois objet de mon effroi, je jette maintenant sur eux un œil de défi et de pitié.... et, bien plus, je vais jusqu'à souhaiter intérieurement de voir mettre à épreuve leur prétendue puissance !... Là, même, ne se borne point ma tranquille sécurité... Le croiriez-vous ?... Vous avez tellement réveillé mon courage, enflammé mon ardeur, fait vibrer en moi les cordes du patriotisme, que les horreurs d'un siége n'exciteraient point, à l'avenir, mon épouvante, et que je ne suis pas bien sûr, au fond, si je ne forme pas *in petto*, le désir d'être, un jour, témoin d'un de ces plus terribles épisodes de la guerre.... En vérité — vous allez rire de moi — mais, dût mon langage exciter tous les sarcasmes de votre verve.... je vous avouerai pourtant, que dans une telle conjoncture, il me semble que je serais capable réellement des plus grandes choses..... et, qu'à l'exemple de nos braves soldats, dont le sang-froid, la résignation et le mâle courage ont fait de *Sébastopol* une des plus belles pages de notre histoire militaire, je serais tenté, de me précipiter avec ardeur sur ces lourds projectiles si redoutables, sur ces bombes aux flancs renfermant la mort, pour en couper, au plus tôt, la mèche incendiaire !....

Que cette heure fatale vienne à sonner pour notre ville, et vous verriez, alors, si je ne saurais pas remplir dignement et avec honneur tous les rigoureux devoirs qu'elle impose aux citoyens.

Merci donc, du plus grand cœur, à vous, chaleureux interprète, qui avez su m'inspirer ces nobles sentiments, et qui devez en revendiquer tout le mérite.

Toutefois, avant de m'acquitter entièrement de ces trop légitimes remerciements, il est encore une question que je vous prie de me laisser vous adresser ; or, cette fois, c'est à vous qu'en revient la faute, car vous m'avez jeté là incidemment une mention de la fortication *Allemande*, et je vous avoue que vous avez excité au plus haut point, et mon intérêt et ma curiosité.....

Il est bon de vous dire qu'ayant été à même, dans une de mes excursions sur les bords du *Rhin*, et dans l'intérieur de l'Allemagne, de contempler ces imposantes fortifications si essentiellement différentes des nôtres, je n'ai pu m'empêcher, à l'aspect de ces forteresses : d'*Ehrenbreitstein*, d'*Ingolstadt*, de *Gemersheim*, de *Rastadt*, etc., etc., de faire à cet égard une foule de réflexions embarrassantes ; et depuis, il se livre dans mon esprit, à cette occasion, un combat dont je ne puis jamais voir la fin. Car voici le dilemme constant que je me pose :

Comment se fait-il que dans une même contrée où tous les peuples jouissent d'une civilisation à degré égal.... par conséquent, sont arrivés à peu près à la même hauteur en progrès pour toutes choses, qu'ils diffèrent si radicalement sur certains points les plus essentiels de l'art de la guerre : ceux ayant pour objet de préserver les populations contre l'attaque des peuples ennemis... et, qu'ici, une nation emploie une fortification formidable par ses maçonneries, élevée d'un grand nombre d'étages, hérissée de murailles détachées, criblée d'embrasures et partout remplie de casemates, tandis que la nation voisine, non moins capable dans l'art militaire, a recours à une fortification diamétralement opposée... où le relief est peu considérable, où les revêtements, pour ainsi dire soudés aux remparts, sont dérobés, autant que possible, par des masses couvrantes en terre, et où les casemates brillent par leur absence ?....

Comment se fait-il que ce qui est trouvé bon ici, soit trouvé mauvais en cet endroit ?....... Et pourtant, on ne peut admettre que dans des questions si graves, on se décide à la légère, et qu'on aille risquer au hasard des intérêts aussi sérieux, aussi puissants. D'un autre côté, si l'une de ces fortifications présentait des avantages tellement évidents, tellement palpables, comment la nation au système opposé serait-elle assez aveugle pour ne point les apercevoir et se les approprier, plutôt que de se traîner dans la routine d'une méthode usée et abandonnée par un certain nombre ?... Laquelle de ces fortifications est donc la meilleure, et est-il bien vrai, ainsi, que l'affirme encore l'article précité de la même revue d'*Edimbourg*, que le système des *Allemands* soit de beaucoup supérieur à celui des *Français* ?

C'est à vous, mon cher ami, de dissiper de rechef mes doutes et mes incertitudes en cette circonstance; mais, cette fois, je vous le répète, vous n'aurez à vous en prendre qu'à vous même de ce nouvel appel que je fais à votre savoir et à votre obligeance, car je ne songeais nullement à soulever cette question; mais, puisque vous avez fait lever ce gibier, tant pis pour vous, il vous faut l'abattre. En arrêt, donc.... et pour un aussi habile chasseur, ce ne doit être là que l'affaire d'un moment.

L'Officier. — De la modération, mon bon ami..., de la modération !.... Et faut-il vous rappeler que trop de zèle souvent est nuisible..., car vous n'ignorez pas que l'exagération en toutes choses

— même les meilleures — peut parfois avoir de funestes conséquences... Tudieu! comme vous y allez! bouillant citadin..., ne
désirer rien moins qu'assister, comme acteur, au terrible spectacle
d'un siége !!...

Que Dieu vous garde, mon cher ami, d'une telle épreuve!
dussiez-vous y déployer toute la bravoure dont vous vous sentez
animé, et dont je vous crois véritablement capable.

Mais, puisque vous me fournissez ici une occasion de faire justice
d'un de ces contes bleus, d'une de ces sornettes, de ces mille
bourdes qu'on va partout et toujours répétant, et qui, — exhumés
peut-être de quelque vieux récit, d'un de ces poudreux bouquins
remontant pour le moins à l'emploi des premières bouches à feu, —
ont été colportés de bouche en bouche jusqu'à nos jours, sans tenir
compte ni des temps, ni du progrès des armes, réduisons-les aujourd'hui, une bonne fois pour toutes, à néant.

Désabusez-vous donc, ardent néophyte, et n'ajoutez aucune foi,
désormais à certains de ces prétendus traits d'héroïsme, de courage, débités inconsidérément par de bons messieurs Prudhommes
ou de naïfs Chauvins..., par quelques imprudents amis, semblables
à l'ours de la fable, qui, croyant rehausser la valeur de nos soldats,
en font douter, au contraire, en leur prêtant des actes impossibles,
et n'excitent chez les personnes compétentes, chez les gens du
métier, qu'un sourire d'incrédulité, et souvent même, d'un tout
autre caractère !...

Tel est l'acte de bravoure dont vous ambitionnez ici d'être l'illustre imitateur !... Jamais, soyez-en bien certain, mon bravo ami,
non jamais il n'est arrivé à aucun militaire — sauf à remonter
peut-être à plusieurs siècles, c'est-à-dire à l'origine des premières
bouches à feu — de se ruer, comme vous le dites, sur des bombes,
au moment de leur chute, pour en couper la mèche du tranchant de
son sabre......... Et la meilleure raison pour cela....., celle qui
ne peut donner lieu à aucune objection : c'est qu'il n'existe point
de mèche à ces projectiles !... Or, afin que vous n'en doutiez pas, je
vais vous donner sur-le-champ la description de ces derniers, et
du mode d'y communiquer le feu. Voyons d'abord le chargement
le plus favorable à l'admission des récits précités, celui pratiqué
depuis un long espace de temps, et, en partie, en usage encore à
l'époque dont il s'agit.

Une bombe, comme vous le savez, est un projectile creux sphé-
rique, d'un volume plus ou moins considérable, chargée de poudre,
et percée, à cet effet d'un trou nommé *œil*, de forme tronconique,
c'est-à-dire rond et plus évasé à son ouverture. Pour communiquer le feu à la charge, dans ce trou, est introduit, au moyen de
coups de maillet, un tube ou *fusée,* en bois, d'un diamètre moyen
de 20 à 25 millimètres, tronconique comme l'œil du projectile et
d'une longueur telle qu'il aboutisse à la charge de poudre.

Cette fusée est percée, suivant son axe, d'un trou cylindrique appelé *canal*, qui part de la partie supérieure de la fusée, s'arrête à quelques millimètres du petit bout et se retourne ensuite perpendiculairement à l'axe ; ce canal est chargé d'une composition très-vive, en plus grande quantité à la tête du gros bout de la fusée, pour en faciliter promptement l'inflammation, et sert à communiquer le feu à la poudre renfermée dans le projectile. — Le gros bout de la fusée dépasse celui-ci de 15, 20 à 25 millimètres environ. Or, jugez maintenant comment il est possible de couper la mèche, puisque cette mèche n'existe pas !... Et, encore même que l'on appellerait de ce nom l'amorce, en plus grande quantité, située au sommet du canal, cette amorce ne faisant point saillie et étant renfermée dans le gros bout de la fusée, comment parvenir à la détruire ?... Il faudrait donc couper ce petit fragment de bois, dépassant de un à deux centimètres, ce qui ne laisserait pas que d'être fort difficile, car il ne s'agit plus ici de quelques coups s'adressant à de petits brins de filaments mous et aisés à détruire, mais à un corps dur et résistant.

Or, ça, allons bien plus loin. Admettons encore ce fait, et la partie supérieure de la fusée tranchée net... Croit-on, pour cela, que l'on ait empêché la communication de la composition à la poudre située dans l'intérieur du projectile ?.... Mais... lorsque ce dernier est arrivé à son point de chute, il y a les plus grandes présomptions que le feu a atteint — ou se trouve bien près d'atteindre — à la charge de la poudre, car la durée de la combustion de cette composition a été calculée en conséquence, et pour faire éclater le projectile à des distances déterminées.... Donc, encore même que vous parviendriez à couper la partie en saillie de la fusée, vous n'auriez point détruit pour cela le principe communiquant le feu. Il n'y aurait, à cet effet, qu'un seul moyen possible : celui d'arracher la fusée... Mais, rappelez-vous qu'elle a été chassée à force, et que ce n'est point dans de telles circonstances qu'il faut songer à s'aventurer à avoir recours à ce difficile moyen.

. . . .

Voilà quelle était la fusée pendant un grand laps de temps, non-seulement en France, mais aussi à l'étranger.

Aujourd'hui ce mode de communiquer le feu a été sensiblement modifié depuis quelques années, en France, de même que chez les autres puissances. A la fusée en bois, pour certains projectiles creux, a été substituée une fusée métallique, et la saillie de celle-ci en dehors de ces corps est bien moindre encore que par le passé ; or, vous le voyez, il y a aussi, par conséquent, bien moins possibilité qu'auparavant de détruire cette fusée.

Donc, vous le reconnaîtrez, mon cher ami, il ne faut voir dans ces récits répétés à la légère, qu'un de ces *puffs* dont les personnes ignorantes des choses de la guerre se font, à leur insu, et bien innocemment, l'écho, et qui parviennent de la sorte, à la longue, à s'imposer indéfiniment à la crédulité publique (*).

Ce fait, en même temps qu'il vous révèle la somme de créance qu'on doit ajouter à la plupart de ceux de même nature, présentés avec des dehors si fabuleux, nous fournit ici un argument de plus pour notre thèse, car il nous fait voir que les véritables juges des choses en général, sont ceux-là seuls que ces matières intéressent directement.

Quant à vous, mon vieil ami, vous devez y trouver aussi un avertissement de ne plus vous préoccuper à l'avenir de ces sortes de questions... Donc, laissez-en à qui de droit l'appréciation et la sage solution ; et, puisque fort heureusement vous avez recouvré aujourd'hui votre quiétude première, déposez, croyez-m'en, cette bouillante ardeur, pour l'abandonner à ceux à qui elle revient de droit et de fait, et retournez à vos anciennes jouissances d'autrefois : les joies du foyer, les douceurs de la famille, la contemplation et l'administration de vos propriétés. Là est le vrai bonheur, et tâchez de ne plus le laisser échapper de nouveau.

Je ne puis, en vérité, mieux terminer cette discussion, que par ce souhait qui, je l'espère, grâce à vos nouvelles dispositions, ne manquera pas de recevoir son entière réalisation.

XI.

Quelques mots sur la fortification Allemande. — Pourquoi le peu de crédit dont elle jouit en France. — Des casemates.

L'Officier. — J'allais clore là cet entretien, et je croyais cette discussion terminée, mais, ainsi qu'il arrive à la fin d'une bataille,

(*) Hâtons-nous, toutefois, de constater : que les observations ci-dessus ne s'adressent nullement à certains faits consignés dans quelques annales militaires et présentant une grande analogie avec les précédents. Tels sont ceux portés à la connaissance de l'armée, sous les murs de Sébastopol, par deux ordres du jour différents, et mentionnant le sangfroid et l'intrépidité de quelques-uns de nos tirailleurs embusqués dans des tranchées, se précipitant avec ardeur sur des projectiles creux tombés à leurs pieds, et les rejetant instantanément hors de ces excavations. Là, quelque grave et imminent danger que présente une telle action, rien d'impossible cependant, car, — il ne faut point s'y tromper, — celle ci ne s'exerçait que sur des projectiles d'un faible calibre, tels que des grenades ou des bombes des plus petites dimensions, et dont le poids ne dépassait pas 6 kil., 10 kil. à 20 kil. au plus. Est-il besoin de dire que cet acte eût été impraticable sur des projectiles d'un volume plus considérable, et dont le poids va s'élever graduellement jusqu'à près de 80 kil.? Mais, qu'on le remarque bien : dans ces sortes d'actes, il n'est aucunement question de mèches coupées avec le tranchant du sabre, car, après les explications auxquelles nous venons de nous livrer, on comprendra sans peine qu'une mention de cette nature ne peut raisonnablement jamais trouver place dans un bulletin militaire.

où des troupes, avant de battre en retraite, lancent leurs dernières décharges à toute volée, ainsi vous faites, mon brave ami, en m'envoyant à bout portant, avant de vous retirer du combat, votre coup d'adieu, le plus difficile, peut être, à parer ; et, n'est-ce point ici le cas de répéter ce dicton latin : *in caudâ venenum ?*...

Or, le savez-vous bien ?... cette question que vous m'adressez à brûle-pourpoint, est une de celles les plus épineuses à résoudre... car, de même qu'en médecine, tel prince de la science dit oui où tel autre dit non, de même aussi, dans le corps des militaires chargés du soin de la défense des places, vous trouverez des Hippocrates et des Galliens... *tot capita, tot sensus*... De quel côté est le droit ?... où se trouve la raison ?... C'est une question, vous comprenez, qu'il ne m'appartient nullement de résoudre.... Est-il même un génie assez puissant pour oser en affirmer d'avance la solution ?..... Tout ce que je puis faire, c'est de vous déployer ici, sur table, les pièces du procès :

Ainsi que vous l'avez fort bien remarqué vous même, la fortification *Allemande* — ainsi appelée, peut-être, parce qu'elle e t d'origine essentiellement Française, puisque ce n'est qu'une sorte d'application du système de *Montalembert*, un de nos anciens officiers généraux les plus distingués de la guerre de sept ans, contemporain encore du règne de Louis XVI et aussi des premières années de la république,—la fortification Allemande, dis-je, diffère radicalement de la nôtre, et par son tracé, et par son relief.

Dans cette fortification, le but est de présenter un tel déploiement, une telle concentration de feux, que l'artillerie de l'assiégeant ne puisse lutter avec celle de l'assiégé. D'après ce système, la science de la défense ne consiste plus à se dérober aux coups et à frapper sans s'exposer, mais à effrayer l'ennemi par des maçonneries imposantes à l'œil, par des étages de batteries casematées formidables, sans se préoccuper des inconvénients inhérents aux *casemates*, soit par rapport au tir, soit par rapport au moral de la garnison. Or, pour mieux vous en faire saisir encore les caractères principaux, je vais en exposer ici le principe dominant, et nous l'emprunterons à l'excellent ouvrage de M. de *Zastrow*, l'un des plus chauds partisans de cette fortification ; c'est puiser, on n'en pourra disconvenir, à la source la plus propice à ce but et agir, en outre, d'une manière aussi impartiale que possible :

« La même tactique, dit-il, qui valut à *Napoléon* ses victoires, « sert évidemment de base aux principes de *Montalembert*. L'Empereur dut, en effet, le gain de ses batailles, à ce qu'il avait « su concentrer sur les points décisifs, d'énormes masses, qui, « opprimant promptement l'ennemi, décidaient la victoire ; de « même, nous voyons dans les projets de *Montalembert*, sur tous

« les points où il doit y avoir une lutte décisive *d'artillerie* entre
« l'attaque et la défense, une réunion extraordinairement considé-
« rable de bouches à feu, souvent, dix fois plus forte que les bat-
« teries d'attaque, dont elle empêche, par conséquent, la construc-
« tion ; ou, si cette construction a eu lieu, dont elle réduit
« promptement le feu au silence. Outre ces signes caractéris-
« tiques, voici en quoi consiste l'essence de ces propositions :
« 1° il rejette entièrement les bastions, comme une forme impropre
« à la fortification, et les remplace par la fortication tenaillée ou
« polygonale ; 2° il base toute la force de sa fortification sur de
« nombreuses casemates défensives bien construites ; 3° il pour-
« voit chaque fortification de retranchements permanents, derrière
« lesquels la garnison se trouve en sécurité, lorsque l'assiégeant
« est maître du corps de place. »

Voilà quelle est la fortification Allemande.

Quant à la fortification Française, elle consiste, au contraire : à
se modeler sur le terrain sur lequel elle doit être assise ; à dérober,
le plus possible, les maçonneries aux coups du dehors ; à s'efforcer
de voir sans être vu ; et à multiplier sur les pas de l'assiégeant les
obstacles naturels et artificiels, les dangers d'une guerre souterraine et des retours offensifs, de manière à épuiser les ressources
de l'ennemi et à lasser sa patience.

Telles sont les deux espèces de fortification.

Sans nul doute, cette hospitalité accordée par une nation voisine,
à un système né chez nous, et où il a trouvé, dès son début, un si
mauvais accueil, donne ici naissance au dilemme suivant, — dont la
réponse ne laisse point que d'être fort embarrassante, — et que
vous avez eu soin, vous-même de poser précédemment.

Ce système, objecte-t-on, n'est donc point si défectueux, puisque
des puissances voisines, qui doivent, comme nous, avoir tout intérêt à adopter pour leurs fortifications le mode offrant le plus de ga-
ranties pour la défense, lui donnent la préférence sur tous les autres,
voire, même, sur celui *bastionné*, placé par nous au premier rang,
et éprouvé par une longue expérience.

Mais, la meilleure réfutation de ce dilemme consiste peut-être
dans ce dilemme même, retourné, répondent les antagonistes du
système allemand, et sa solution, confiée aujourd'hui à l'appréciation respective de chacun de ces peuples, ne peut être déter-
minée que par les juges souverains en cette matière : le temps et
l'expérience.

Cette dernière argumentation, en effet, est celle des partisans du
système bastionné, qui, non moins fermes dans leurs convictions,
que par le passé, et sans se laisser ébranler par la faveur qu'ont su
conquérir chez nos voisins la fortification perpendiculaire de Montalembert et celle de *Carnot*, s'appuient sur les considérations suivantes :

Que leur système a pour lui la sanction même de cette expérience qu'on invoque, sanction dont n'est point encore revêtu celui de leurs antagonistes ; et que, bien loin de la lui donner, le temps, au contraire, se chargera de venir confirmer toutes leurs prévisions au sujet de cette méthode. *Bommarsund* n'est-il pas déjà un premier enseignement ?......

Du reste, mon cher ami, cet accueil fait aujourd'hui par *l'Allemagne*, à la fortification perpendiculaire, n'a rien de nouveau, ni qui doive exciter votre étonnement, car dès son apparition, ce système a trouvé de grands partisans dans cette contrée, et Montalembert, dans son ouvrage, n'a garde de laisser échapper cette circonstance, partant de là, pour se récrier contre l'absolutisme du corps chargé, en France, des fortifications, auquel il fait vigoureusement le procès.

Sans nul doute, les accusations portées alors par Montalembert, contre le corps du génie français, peuvent s'expliquer jusqu'à un certain point, prononcées *ab irato*, au lendemain d'un mécompte et sous l'empire d'un amour-propre déçu ; mais, sont-elles bien excusables à un siècle à-peu-près de distance, et sous la plume d'un écrivain impartial?... Et cependant, ces accusations sont encore renouvelées aujourd'hui, plus acharnées peut-être que par le passé, et avec le même cachet d'amertume et de violence! Mais, ce qui donne lieu surtout de s'étonner, c'est l'aveuglement dans lequel elles peuvent entraîner des hommes même d'un vrai mérite, quand on les retrouve reproduites sous l'autorité d'un nom comme celui de M. de Zastrow!...

Toutefois, hâtons-nous d'ajouter : que quelque soit l'engouement de l'Allemagne pour cette fortification, cette contrée cependant ne se montre pas tout entière partisan des idées de Montalembert, et que celles-ci y trouvent aussi des détracteurs. De ce nombre, est *M. Blesson*, auteur de *l'Esquisse historique de l'art de la fortification, Berlin* 1830. — Dans cet ouvrage, M. Blesson se déclare ouvertement pour les principes de Vauban et défend le corps du génie Français du reproche de ne pas avoir adopté les méthodes de Montalembert et de Carnot, si fort préconisées en Allemagne.

Je vous ai promis de vous dérouler les pièces du procès; or, vous pouvez juger ainsi, mon cher ami, par l'exposé de ces diverses méthodes et de ces débats, sur quels principes repose la manière différente de voir, à ce sujet, de l'Allemagne et de la France. Mais, quelques personnes, faisant entrer, en outre, dans la théorie des fortifications, l'espèce de courage des troupes et l'influence du caractère, y trouvent encore l'explication de cette appréciation diverse des deux puissances : chaque nation disent-elles, ayant son mérite particulier pour la guerre.

« Certains peuples, dit *Nicolaï*, sont propres à attaquer et ne
« valent rien pour se défendre ; d'autres, sont des lièvres en cam-
« pagne, et des lions en garnison. » Là, est peut-être, la raison
déterminante du choix divers de chacun des deux peuples, dans le
genre de sa fortification.

Le Français, observe un autre auteur, se décourage à une longue
défense passive ; son caractère national est d'attaquer toujours ; il
veut voir en face son ennemi et en venir souvent aux mains, et
ne pourrait s'accommoder de demeurer constamment enfermé dans
des asiles souterrains ; il faut donc lui préparer les moyens de faire
des sorties et de revenir à la charge dans les ouvrages qu'il aurait perdus.

Les *Allemands*, au contraire, par leur flegme, leur patience et
leur docile fermeté, immobiles dans les rangs, cloués, pour ainsi
dire, à la terre, sont très propres, dans une défense, à exécuter
un feu continuel derrière des abris, garantis de toutes parts. Des
ouvrages, donc, qui se défendent d'eux-mêmes et qui ne puissent
être emportés d'emblée, peuvent convenir parfaitement à cette
nation.

Le caractère des peuples se retrouve partout et en tout.

. . . .

Telles sont les réflexions inspirées à certains esprits touchant la
préférence respective de ces deux peuples, dans cette circonstance.

Mais, après tout, et de bonne foi, est-il donc bien nécessaire de
se livrer à des considérations de cette nature et à des idées d'un
ordre aussi élevé pour expliquer le peu de tendance de la France
vers cet entraînement d'une autre nation ?

Ne suffit-il point, raisonnablement, de se poser à cet effet les
simples questions suivantes :

Comment parvenir à reconnaître la vraie, la pure fortification
Allemande ? ... et à quels signes certains et infaillibles peut-on la
distinguer ? .... Où commence-t-elle ? .... Où s'arrêtent ses
limites ?

Son alpha, faut-il le demander aux tracés de Montalembert, et
son oméga à ceux de Carnot ? .... D'un autre côté, où découvrir
le principe dominant de cette fortification à travers ce labyrinthe
de systèmes ? ... Est-ce dans la méthode tenaillée du premier de
ces auteurs... ou bien dans son autre polygonale... ou dans sa
troisième, la fortification polygonale simplifiée ? .... Serait-ce
plutôt dans la suivante, celle circulaire... ou bien dans sa double
enceinte à forts détachés ? .... Vaut-il mieux encore le chercher
dans les constructions d'un autre fortificateur... dans l'emploi des
tours Maximiliennes, — celles-ci, cette fois, œuvres véritablement
d'un enfant de la Germanie — ... ou, enfin, dans un quelconque des
projets de Carnot ? ...

De toutes ces combinaisons, quelle est donc la meilleure?...
Est-ce celle adoptée à Coblentz... celle d'Ingolstadt... celle de
Rastadt... celle de Gemersheim... celle de Vérone, etc., etc.?...
car, dans cette fortification prétendue nationale, aucune ne se
ressemble, et le tracé appliqué ici est différent de celui pratiqué à
quelques kilomètres plus loin... A Coblentz, par exemple, au fort
Alexandre, nous rencontrons la suppression des chemins couverts,
et la contrescarpe du glacis remplacée par un talus en terre à pente
très-douce; à une certaine distance de là, au contraire, à Ehrenbreitstein, on voit figurer le chemin couvert et sa contrescarpe en
maçonnerie. Dans certains ouvrages de constructions récentes, se
remarque l'escarpe détachée; par contre, dans d'autres, on revoit
apparaître l'escarpe ordinaire adossée aux terrassements mêmes;
ailleurs, et notamment à Rastadt, le spectateur, — à son grand
étonnement, — retrouve l'emploi du tracé bastionné, si honni pourtant, si vilipendé, ce bouc émissaire enfin de la science des Vauban
et des Cormontaingne!...

Au milieu d'un tel tohu-bohu, d'un tel pêle-mêle, d'une telle
macédoine de tracés... en présence d'une manifestation aussi
flagrante d'un manque d'unité d'idées et de principes, comment
est-il possible, en vérité, aux esprits même les moins prévenus, de
reconnaître et cette fortification si éminemment caractéristique, et
le cachet indélébile dont est scellée sa supériorité?...

De grâce! si l'on veut détruire toute indécision, toute incertitude,
et fixer invariablement les convictions, qu'on s'entende donc, une
bonne fois pour toutes, sur le meilleur de tous ces systèmes: celui
qui doive irrévocablement commander la préférence!...

. . . .

Qu'est-ce à dire, cependant? Allez-vous penser que la conclusion
à tirer de ces diverses observations doive nécessairement être
celle-ci: Que le front bastionné est la seule ancre de salut à la
protection de laquelle doive à tout jamais se confier la défense....
que ce tracé, — suivant le langage plus ou moins authentique
attribué à Fourcroy par M. de Zastrow, — réalise les véritables
colonnes d'Hercule de la fortification... et, qu'oser y toucher,
serait attenter à l'arche sainte de cet art?

Dieu nous préserve d'une telle aberration! et combien diffère
notre pensée!... car, loin de nous poser comme partisan exclusif
et absolu de ce mode, — ainsi qu'on s'en convaincra tout-à-l'heure, —
nous sommes des premiers à reconnaître la plupart des reproches
qu'on lui adresse, notamment son absence d'abris souterrains et de
retranchements intérieurs permanents.

Mais, est-il donc aucune œuvre humaine qui approche seulement
de la perfection?... Et parce que, en ce moment, en voici une
entachée des défauts inhérents à son essence même, faut-il donc

nous empresser de la répudier sur-le-champ, — alors que, jusqu'à ce jour, elle a rendu tous les services, ou au moins la plus grande partie de ceux qu'on en attendait, — pour en adopter inconsidérément une toute nouvelle, — préférable peut-être, — mais à l'état d'éclosion, non consacrée par ce baptême de feu qui, seul, peut en assurer les résultats, et n'offrant à chaque pas de celui qui l'étudie qu'une série d'inconnues à dégager?.... La plus simple prudence, dans cette circonstance, au lieu de prendre une telle décision, ne fait-elle pas une loi sévère d'attendre et d'observer.... et, n'est-ce point là le cas, ou jamais, de l'application de ce précepte de la sagesse des nations : dans le doute, abstiens toi ?....

. . . .

Quoiqu'il en soit, et pour achever de vous éclairer sur la nature de la fameuse question pendante aujourd'hui, concernant ces deux sortes de fortifications, il nous suffira d'ajouter : que le point litigieux et capital qui les sépare, — abstraction faite du tracé et de certains petits détails qui ne viennent réellement qu'en seconde ligne, — repose principalement sur un seul et même objet : les abris voûtés défensifs à l'épreuve des feux courbes, c'est-à-dire les *casemates.*

Mais quel est donc, aux yeux de leurs détracteurs, ce grave grief des casemates ?

Des casemates.

Les casemates, vous le savez, sont des constructions souterraines pratiquées dans des ouvrages de fortifications en maçonnerie, et à l'épreuve du choc des gros projectiles.

Ces constructions sont de deux sortes, et peuvent être classées : en *casemates d'habitation*, ou *abris souterrains*, et en *casemates défensives*, ou lieux couverts, consacrés à la défense.

Les premières, considérées en tant que réduits voûtés, destinées uniquement à servir d'abri à la garnison, aux munitions de guerre, de bouche, etc., contre les bombes et tous les projectiles incendiaires, n'excitent aucunes récriminations, et sont, au contraire, extrêmement estimées de tout le monde.

Mais les secondes, considérées comme lieu de défense par la mousqueterie, et surtout par l'artillerie, sont l'objet d'une foule de réprobations, et trouvent un très grand nombre de contradicteurs.

Or, voici les reproches qu'on leur adresse.

Le plus capital de tous est celui-ci : que par suite de leur position souterraine, l'air n'y pénétrant, en partie, que par les embrasures ou les évents pratiqués au travers de leurs maçonneries, aussitôt que la garnison a tiré quelques coups, la fumée dont se

trouvent remplies les casemates, incommode tellement les défenseurs, que certains ingénieurs en considèrent le séjour comme aussi
pernicieux que celui en plein air, exposé aux bombes de l'ennemi.

D'un autre côté, leurs embrasures en maçonnerie sont encore
d'un grave inconvénient : percées dans un mur très épais, elles sont
alors fort larges à leur partie extérieure, et par conséquent, trop
ouvertes aux projectiles de l'ennemi ; dans un mur trop mince,
elles sont trop facilement détruites par *l'artillerie*. Dans l'un et
l'autre cas, la nature même de ces embrasures — en maçonnerie —
est défectueuse, en ce que les projectiles qui les atteignent, en font
voler les éclats dans l'intérieur des batteries ou casemates, et en
blessent ou tuent les défenseurs.

De nouvelles objections encore ont été élevées depuis quelque
temps contre les casemates, et leur valeur, sans doute, n'est point
sans importance, car voici ce que dit à ce sujet M. de *Zastrow*,
dans l'ouvrage duquel elles sont consignées, — auteur que certes
l'on n'accusera pas de partialité à cet égard — :

« Récemment encore, *Blesson* a émis contre les casemates une
« objection qui nous parait trop importante pour ne pas la men-
« tionner. Cet écrivain reconnait, en effet, que : avec une construc-
« tion convenable des cheminées de dégagement, la fumée n'in-
« commode pas les servants d'artillerie à l'intérieur des casemates,
« mais que par un temps calme, tel qu'il s'en trouve fréquemment
« dans les fossés des places fortes, la fumée du canon se posterait
« tellement devant les embrasures, que souvent un seul coup suffi-
« rait pour les boucher, et que plusieurs minutes s'écouleraient
« avant qu'on fût en état de distinguer un objet à 20 pas (15 mètres)
« de distance. L'obscurité serait alors dans ces casemates, qui ne
« sont éclairées que par les embrasures, telle, qu'on ne pourrait
« charger qu'avec de la lumière, ce qui retarderait beaucoup le
« feu. Il y a, de plus, cet inconvénient : que la justesse du tir sera
« moindre, tant que la fumée, placée devant les embrasures, mas-
« quera le but. Il ne reste donc, quand un pareil calme a lieu, rien
« autre chose à faire, qu'à diriger les bouches à feu sur un but
« désigné, et à conserver cette direction en continuant le feu
« comme cela a lieu la nuit.

« Lorsque deux embrasures, dit encore *Blesson*, forment un
« angle vis-à-vis l'un de l'autre, lorsque, par exemple, elles sont
« dans un angle rentrant pour flanquer deux fossés, il se présente
« une autre circonstance qui rend impossible l'usage simultané des
« deux casemates : en effet, le courant d'air qui sort d'une bouche
« à feu, et qui pénètre violemment dans l'embrasure opposée, ren-
« verse des volets ordinaires, et est trop fort pour que les forces
« humaines puissent y résister. »

On peut encore mentionner cette autre objection, qui n'est point sans importance, et qui est aussi reconnue par M. de *Zastrow :* c'est que les casemates favorisent singulièrement l'assaut, et que, dans une entreprise de cette espèce, l'assiégeant pourrait essayer d'entrer par les embrasures des galeries casematées, pour pénétrer à l'intérieur ; tentative, ajoute cet auteur, sur laquelle d'intelligents officiers du génie ont appelé l'attention.

Pour remédier à cet inconvénient, il propose de fermer les embrasures des fronts, non attaqués, par de fortes croix en fer, s'ouvrant au moyen d'une clef et pouvant s'enlever à volonté, afin de permettre à la bouche à feu de s'introduire dans l'embrasure, au moment du besoin *.

. . . .

— Eh bien ! mon cher ami, que pensez-vous de ces débats ?... Croyez-vous qu'il soit aussi facile de formuler un jugement dans cette circonstance, et de se déclarer catégoriquement pour, ou contre ?

Oh ! sans nul doute, il ne manque point d'impétueux champions prenant parti, sans plus d'hésitation : qui, pour la fortification *Allemande ;* qui, pour celle *Française*..... Il s'en trouve même — et votre fameux article, échappé à la plume de John-Bull, vous en fournit la preuve — qu'on voit pousser le fanatisme jusqu'à prononcer l'interdit sur l'un ou l'autre de ces systèmes..... Mais, il est d'autres personnes, aussi, beaucoup moins promptes à se passionner, qui ne se déclarent ni *Guelfes,* ni *Gibelins,* et se contentent de faire ce raisonnement, peut-être le plus sage :

Sans se montrer partisan exclusif, ni effréné, des abris voûtés défensifs, et en général du système *Allemand* — puisqu'il est convenu de l'appeler de ce nom — ne pourrait-on pas, non plus, ne point se montrer détracteur absolu et systématique des casemates ?

Celles-ci, sans aucun doute, ont des inconvénients majeurs et réels..... mais, d'un autre côté, elles ne laissent pas que d'avoir du bon..... et, sans les proscrire entièrement, n'y aurait-il pas moyen d'aviser à les faire servir d'une manière fort efficace, en remédiant à ces inconvénients de la fumée et des embrasures ?

Toutes ces constructions, d'ailleurs, n'y sont pas soumises invariablement, car on rencontre, de nos jours, certaines places

* Une simple remarque, en passant, à cet égard : M. *Paixhans,* pour remédier aux inconvénients des embrasures en maçonnerie, a proposé de cuirasser les têtes de casemates, avec des plaques de *fonte de fer.* Cette application de la fonte, aux ouvrages de fortification, est empruntée à *Gustave Adolphe* qui, pour donner plus de résistance aux fortifications de son pays, conçut le projet de les construire en *briques* de fer, tirant ainsi parti de l'abondance des mines de cette contrée. M. Paixhans étendit aussi cette application à d'autres parties de la fortification, car il propose d'ériger des *tours de fonte* pour renforcer les fronts.

présentant des casemates à embrasures moitié terre, moitié maçonnerie, et à larges ouvertures pratiquées en arrière, qui sont totalement exemptes de ces défauts.

Qu'est-ce, du reste — je vous prie, à peu de choses près — que blit *batteries blindées*, que la place, au moment de la défense, élaces à grand'peine, à force de travaux et d'efforts, sur tous les points les plus importants du front d'attaque, sinon des batteries *casematées*, revêtues en bois, au lieu de l'être en maçonnerie ?

Or, quoi de plus facile que de construire, sur ces mêmes points, de semblables batteries, à demeure, mais *casematées*, en recourant au mode, — signalé tout-à-l'heure, — des embrasures moitié terre, moitié maçonnerie, et qui échappent, de la sorte, aux éternels reproches adressés aux casemates ?

Grand Dieu !... vont se récrier aussitôt ces généreuses natures, plus soucieuses des deniers de l'Etat que du sang de leurs semblables, dans quelles dépenses épouvantables allez-vous nous entraîner ! !.. Des casemates sur un tel développement de fortification ?... mais c'est impraticable au point de vue de l'économie '...

Eh ! pour Dieu ! messieurs, moins de parcimonie, et plus de souci pour la sûreté et la défense de la place, pour la fortune et la vie de vos concitoyens !... Et, rappelez-vous, en grâce, cette maxime du bon chevalier Deville, qui devrait toujours être là gravée sous les yeux des ingénieurs militaires et leur servir de règle fondamentale dans toutes leurs constructions : « En fortification, il « faut savoir ouvrir la bourse et fermer les yeux. »

Loin donc de répudier à tout jamais les casemates, ne serait-il pas, au contraire, à désirer que l'on cherchât à les appliquer d'une manière favorable à la défense ?... et l'usage que l'on fait aujourd'hui des *revêtements en décharge*, qui ne sont, après tout, ainsi que ceux des batteries de côtes, que de véritables casemates — sous un autre nom, tant on a d'aversion pour celui-là — témoigne déjà de la réaction qui commence à s'opérer en *France*, dans l'opinion professée jusqu'à ce jour au sujet des abris défensifs, et dont l'emploi de la lunette *D'Arçon* était déjà une première preuve.

Les casemates, en effet, quand elles peuvent être organisées de manière à satisfaire aux conditions nécessaires à la défense, c'est-à-dire, lorsqu'elles réunissent à la fois : commodité, salubrité et solidité indestructible, au lieu d'être ainsi constamment répudiées, devraient avoir tout au contraire, la préférence sur les batteries découvertes, qui, point de mire de l'artillerie ennemie, livrent leurs propres servants—déjà exposés à toutes les intempéries de l'air— aux coups multipliés des projectiles dirigés dans tous les sens contre elles, et les obligent, en peu de temps, à l'aspect de tout leur matériel détruit et volant en éclats, de déserter ainsi promptement la défense des remparts.

C'est surtout quand les casemates ne sont point susceptibles d'être vues d'aucun lieu propre à l'établissement d'une batterie, comme seraient celles placées sur les flancs du réduit de demi-lune de la fortification actuelle, et les *traditores* — ou pièces cachées — dans les places hautes, moyennes et basses de la fortification ancienne, qu'elles présentent le plus de chances de durée et de meilleure défense.

Il est donc, on n'en peut disconvenir, certains nombres de cas où ces constructions peuvent recevoir d'heureuses applications. Espérons alors que triomphant de la rigueur que l'on observe à leur égard, elles parviendront enfin à trouver dans nos ouvrages la place favorable qu'elles doivent y occuper.

L'utilité des casemates, du reste, a été tellement reconnue, que dans tous les systèmes, tous les auteurs, à quelque nation qu'ils appartiennent — depuis le premier qui ait écrit sur la fortification, jusqu'à nos jours, — un seul excepté : Cormontaingue * — ont cherché à les faire entrer dans leurs constructions : Albert Durer, Speckles, Errard, Deville, Vauban lui-même, dans les places de Landau, Béfort et Neuf-Brisack ; Coëhorn, Rosart, Herbort, Bélidor, Duvignau, Chatillon, Montalembert, Virgin, Trincano, Foissac, d'Arçon, Bousmard, Carnot, Chasseloup, Dufour, Merkes, etc., etc.

Il y a donc ici, indubitablement, quelque chose à faire... et c'est un soin dont le corps savant chargé de l'édification de nos constructions militaires devrait être heureux et fier de se charger. Ne serait-ce pas là, pour cette arme, une occasion magnifique de repousser ces reproches de somnolence et d'immobilité que murmure déjà autour d'elle la bouche de ses détracteurs ?... reproches auxquels ses plus chauds partisans, eux-mêmes, commencent presque aussi à s'associer.

Car, ainsi qu'en conviennent la plupart de ces derniers, faut-il bien considérer comme signe réel de mouvement et de vie, ce fameux *front moderne*, — nom, par parenthèse, qu'à dater de l'école de *Mézières*, et peut-être précédemment, jusqu'à nos jours, l'on n'a cessé de donner à tout projet ayant pour objet de modifier le système de Cormontaingne, — cette seule étape, en somme, fournie depuis un siècle par notre fortification ?...

Qu'est-ce donc, en effet, véritablement, que ce front, autour duquel on s'agite depuis une trentaine d'années, sinon la reproduction de celui de ce dernier maître, basée identiquement sur les mêmes errements, sur les mêmes données, et dont toutes les

* Et encore, Cormontaingne, tout en n'en faisant pas mention dans ses traités, ni dans son système, en fait-il l'application dans ses projets pour l'amélioration du 3ᵉ système de *Vauban* : il construit sous les flancs de ses bastions, remplaçant les tours bastionnées, des casemates pour six canons, afin qu'à l'aide de ces bouches à feu, augmentées de celles du rempart au-dessus, chaque flanc puisse défendre le fossé du corps de place avec douze canons.

améliorations — à part quelques unes fondamentales au point de vue de ce tracé, déjà réclamées antérieurement par maints ingénieurs, notamment Bousmart — si humbles, si modestes, ne consistent presque qu'en de petites recettes, en de petits moyens, en d'insignifiants détails, auxquels, jusqu'à présent a-t-on à peine accordé l'honneur de l'application dans les constructions de notre époque ?....

Est-ce là, aujourd'hui, en présence de la révolution apportée dans les effets des armes à feu, l'immense progrès que, pour se mettre à leur hauteur, il faudrait réaliser en fortification ?.. Et devons-nous nous éterniser dans les préceptes absolus de Vauban et de Cormontaingue, et nous renfermer invariablement et indéfiniment dans leurs tracés, sans tenir compte ni du temps, ni du progrès, qui, eux, ne restent point immobiles, mais s'avancent, s'avancent sans cesse ?.....

Ces illustres maîtres dans l'art militaire, derrière lesquels on se retranche constamment, ont-ils donc dit, en somme, le dernier mot en fortification ?....

Mais Vallière et Gribeauval, eux aussi, étaient sans contredit des hommes du plus grand mérite.... Or, où en serions-nous, grand Dieu ! si, fidèles et voués imperturbablement à leur matériel, nous en étions toujours au temps de la bataille de Salsbach, réduits encore aujourd'hui aux armes de Turenne et de Montecuculli, et à l'artillerie de Louis XIV ou de Louis XV ?

A l'œuvre, donc ! ... et espérons qu'un jour, — peu éloigné, peut-être, — en digne enfant de la même famille, ce corps, à l'unisson de ce compagnon d'armes dont il partage aux Écoles et à la guerre les mêmes études et les mêmes travaux, redorant aussi de nouveau son blason, en viendra raviver le faisceau de si riches et si précieuses couleurs dont il est revêtu depuis son aurore !

. . . .

Quoi qu'il en soit, et quoi qu'il advienne, la question si souvent débattue du système casematé, et qui a donné lieu à tant et tant de discussions, à des polémiques si vives entre Montalembert d'une part, et de l'autre, le corps du génie, représenté par Fourcroy.... question ravivée depuis, par Carnot, avec non moins d'ardeur.... se trouve aujourd'hui, une nouvelle fois, en litige, et peut-être y sera-t-elle encore longtemps, jusqu'à ce que l'expérience vienne enfin en consacrer la solution.

C'est donc, ainsi que vous pouvez en juger, mon cher ami, un débat engagé ici entre l'Allemagne et la France.... débat de nature à exciter vivement l'intérêt et à passionner profondément les esprits. Pour ce qui nous concerne, toutefois, — et quoiqu'en disent vos publications britanniques et autres, — pour l'honneur et la gloire de notre patrie, espérons que c'est en sa faveur que le jugement ne manquera pas de se prononcer (1).

. . . .

Laissez donc, en toute confiance, clabauder et récriminer à leur aise ces innovateurs, ces détracteurs quand même de notre fortification, et soyez persuadé que, quelque défectueuse que leur paraisse cette dernière, le jour où il prendrait envie aux nations étrangères de venir l'attaquer, elles auraient à faire une triste expérience de sa prétendue imperfection.......

Quant à nous, vienne l'heure où il nous soit permis de mettre à épreuve le fameux système de fortification de ces nations, puis, en outre, ces nouvelles armes si supérieures aux nôtres, et peut-être leurs chaleureux partisans acquerraient-ils bien chèrement la conviction de la valeur réelle à laquelle il les faut estimer !!

. . . .

Je m'étais engagé à vous exposer toutes les pièces de la procédure concernant ce cas litigieux, ma parole se trouvant acquittée et ma mission remplie d'ailleurs, il ne me reste donc plus maintenant, à l'exemple de ce qui se pratique au palais, qu'à prononcer cette formule sacramentelle : les débats sont clos.... la cause est entendue.

E..... D....n.

(Fin).

---

(1) Déjà, du reste, triste retour des choses d'ici-bas ! ces mêmes feuilles qui, naguère, n'avaient point assez d'éloges pour ces prodigieuses armes encore dans l'enfantement, et dont elles annonçaient à l'avance, avec emphase, les fabuleux effets, ne se chargent-elles pas elles-mêmes de justifier nos prévisions ?.... Qu'on consulte aujourd'hui un de ces organes de la presse britannique (Mechanic's magasine), et l'on verra à combien d'attaques ces ingénieux canons de Whitworth et d'Armstrong y sont en butte. Il n'est sortes de reproches que ne leur adresse cette feuille. Non seulement, ils présentent de graves imperfections, mais encore, des défauts inhérents à leur nature, et qui les rendraient absolument impropres au service permanent de la guerre. C'est que, précisément, comme l'a observé fort judicieusement un illustre auteur, « tout ce qui est compliqué n'a « jamais produit de bons résultats à la guerre, et les prôneurs de systèmes « oublient toujours que le but du progrès doit être d'obtenir le plus grand « effet possible avec le moins d'efforts et de dépense. »

ERRATA.

PAGE	LIGNE	AU LIEU DE	METTEZ :
14	30	Témiskar	Temiswar
15	15	après au milieu	ajoutez : de
41	3	menace	menaces
55	40	chargée	chargé
55	41	percée	percé.

Table des Matières.